독자의 1초를 아껴주는 정성!

세상이 아무리 바쁘게 돌아가더라도
책까지 아무렇게나 빨리 만들 수는 없습니다.
인스턴트 식품 같은 책보다는
오래 익힌 술이나 장맛이 밴 책을 만들고 싶습니다.

땀 흘리며 일하는 당신을 위해
한 권 한 권 마음을 다해 만들겠습니다.
마지막 페이지에서 만날 새로운 당신을 위해
더 나은 길을 준비하겠습니다.

독자의 1초를 아껴주는
정성을 만나보십시오.

미리 책을 읽고 따라해 본 베타테스터 여러분과
무따기 체험단, 길벗스쿨 엄마 기획단,
시나공 평가단, 토익 배틀, 대학생 기자단까지!
믿을 수 있는 책을 함께 만들어주신 독자 여러분께 감사드립니다.

(주)도서출판 길벗 www.gilbut.co.kr
길벗이지톡 www.eztok.co.kr
길벗스쿨 www.gilbutschool.co.kr

커피 상식사전

THE CURIOUS BARISTA'S GUIDE TO COFFEE

First published in 2015 in the United Kingdom
under the title The Curious Barista's Guide to Coffee
by Ryland Peters & Small Limited
20-21 Jockey's Fields
London WC1R4BW
All rights reserved.
Korean language edition © 2016 by Gilbut Publishing
Korean translation rights arranged with Ryland Peters & Small Limited through
EntersKorea Agency, Ltd.,Seoul,Kora

•

이 책의 한국어판 저작권은 엔터스코리아 에이전시를 통한 저작권자와의 독점 계약으로
(주)도서출판 길벗에 있습니다.
신 저작권법에 의해 한국 내에서 보호를 받는 저작물이므로 무단전재와 무단복제를 금합니다.

The curious barista's guide to coffee

내 안의 바리스타를 위한

커피
상식사전

트리스탄 스티븐슨 지음
정영은 옮김

길벗

커피 상식사전
The Curious Barista's Guide To Coffee

초판 발행 · 2016년 11월 11일
초판 8쇄 발행 · 2022년 12월 1일

지은이 · Tristan Stephenson
옮긴이 · 정영은
발행인 · 이종원
발행처 · (주)도서출판 길벗
출판사 등록일 · 1990년 12월 24일
주소 · 서울시 마포구 월드컵로 10길 56(서교동)
대표전화 · 02)332-0931 | **팩스** · 02)322-0586
홈페이지 · www.gilbut.co.kr | **이메일** · gilbut@gilbut.co.kr

기획 및 책임편집 · 이지현(lee@gilbut.co.kr) | **디자인** · 박상희
제작 · 손일순 | **영업마케팅** · 정경원, 최명주 | **웹마케팅** · 김진영
영업관리 · 김명자 | **독자지원** · 송혜란, 윤정아

교정교열 · 성경아 | **전산편집** · 안나케이(Anna.K)
CTP 출력 및 인쇄 · 예림인쇄 | **제본** · 예림바인딩

- 잘못 만든 책은 구입한 서점에서 바꿔 드립니다.
- 이 책은 저작권법에 따라 보호받는 저작물이므로 무단전재와 무단복제를 금합니다. 이 책의 전부 또는 일부를 이용하려면 반드시 사전에 저작권자와 출판사 이름의 서면 동의를 받아야 합니다.
- 이 책의 국립중앙도서관 출판예정도서목록(CIP)은 서지정보유통지원시스템 홈페이지(http://seoji.nl.go.kr)와 국가자료공동목록시스템(http://www.nl.go.kr/kolisnet)에서 이용할 수 있습니다. (CIP제어번호 : 2019039826)

ISBN 979-11-6050-027-1 13590
(길벗 도서번호 070322)

정가 15,000원

독자의 1초까지 아껴주는 정성 길벗출판사

길벗 | IT실용서, IT/일반 수험서, IT전문서, 경제실용서, 취미실용서, 건강실용서, 자녀교육서
더퀘스트 | 인문교양서, 비즈니스서
길벗이지톡 | 어학단행본, 어학수험서
길벗스쿨 | 국어학습서, 수학학습서, 유아학습서, 어학학습서, 어린이교양서, 교과서

네이버포스트 · https://post.naver.com/gilbutzigy
유튜브 · https://www.youtube.com/ilovegilbut
페이스북 · https://www.facebook.com/gilbutzigy

지은이의 말

머그잔에 담겼든 종이컵에 담겼든, 피곤한 일상 속 커피 1잔은 지친 우리의 에너지를 채워준다. 지난 60년간 이탈리아식 에스프레소 문화가 전파되면서 커피는 그전의 소박했던 이미지를 벗고 도발적이고 매력적인 음료로 다시 태어났다. "커피가 뭐 커피지" 하던 무심한 남자들도 어느새 '마키아토' 같은 유럽 냄새 풀풀 풍기는 이름에 익숙해졌다.

커피의 다양한 맛과 향기에 이끌린 사람들은 그 뒤에 숨은 이야기에 관심을 갖기 시작했다. 커피라는 음료가 지금의 자리에 오르기까지 커피의 원산지, 로스팅, 추출 방식은 물론이고, 커피 1잔이 만들어지기까지 커피 열매가 거치는 물리적인 여정과 그 여정을 뒷받침하는 세계 각지 사람들의 노력에 관심을 갖기 시작한 것이다. 끊어질 듯 연약하면서도 험난한 여정과 마침내 그 끝에 만들어지는 완벽한 커피 1잔은 커피에 대한 탐구를 더욱 특별한 것으로 만들어준다.

우리는 지금 최고의 생두와 원두를 맛볼 수 있는 시대에 살고 있으며, 커피의 질을 향상시키고자 하는 업계 관계자들의 노력은 그 어느 때보다도 열정적이다. 커피 교역은 전에 없이 투명해졌으며, 맛있는 스페셜티 커피를 어디서나 쉽게 구할 수 있게 되었다. 커피가 우리에게 오기까지, 또 커피의 완벽한 맛이 탄생하기까지 어떤 이야기들이 숨어 있는지 함께 살펴보자.

Tristan Stephenson

커피를 이해하는 7가지 단계

커피의 역사, 그 재미난 뒷이야기

커피의 놀라운 역사를 살펴본다. 커피는 인류의 역사에서 정치, 경제, 철학, 기술 등 이 세상에 다양한 영향을 주었으며, 지금도 수많은 위대한 인물들에게 영감과 창의력을 불어넣는 역할을 하고 있다. 그 과정과 세세한 이야기를 알면 커피 발전의 넓은 의미도 이해할 수 있다.

▼

어떤 커피의 맛과 향에 심취해 있나?

커피의 맛과 향을 알아본다. 과학적인 지식과 더불어 카페인과 물에 대해 살펴보고, 분쇄한 원두 가루에서 향미를 추출할 때 발생하는 물리적, 화학적 반응도 함께 알아본다.

▼

왜 인류는 커피에 우유를 타 먹었을까?

인류의 사랑을 받고 있는 에스프레소에 대해 알아본다. 에스프레소는 원두에서 커피를 추출하는 가장 빠르고 간단한 추출 방식이다. 이러한 에스프레소가 탄생하는 원리, 에스프레소 머신, 또 에스프레소를 더욱 매력적으로 마시는 법까지 소개한다.

▼

우리 손에 들린 커피 1잔, 어떻게 시작될까?

슬플 정도로 맛없는 인스턴트 커피든 완벽하게 추출해낸 최고급 스페셜티 커피든, 우리가 마시는 커피 1잔에는 커피 열매가 거친 모든 생산 과정(재배와 정제, 다채로운 로스팅 기술)이 응축되어 들어 있다.

▼

로스팅, 세상에서 가장 향긋한 냄새가 나는 시간

세상에서 가장 향기로운 커피 향을 만들어내는 단계가 바로 로스팅이다. 과학과 예술의 경지라고 불릴 만큼 복잡다단하면서도 매력적이다. 로스팅의 과학적 원리와 함께 초기 로스터부터 현대 로스터의 탄생까지, 로스팅의 모든 것을 알아본다.

▼

고운 입자 vs 거친 입자, 분쇄의 기술

한번 지나가면 돌이킬 수 없는 단계가 바로 분쇄다. 거침없이 갈아버리면 그만 아니냐고 할 수 있겠지만, 분쇄로도 미세하게 커피 맛이 달라진다. 우선 원두의 분쇄도에 대해 알아본 후 원두 입자 크기와 커피 맛의 상관관계를 살펴본다.

▼

추출에 따라 달라지는 커피 맛의 비밀

추출은 커피 맛을 좌우하는 아주 중요한 단계다. 커피 추출액과 원두 입자를 분리하는 방식에 따라 구분되는 다양한 추출 도구에 대해 알아보고, 각 도구가 이끌어내는 커피의 특성에 대해서도 살펴본다.

차례

지은이의 말 --- 005
커피를 이해하는 7가지 단계 --- 006

🍒 01 커피, 인류의 역사를 함께 쓰다

커피 역사, 그 이야기의 시작 --- 014
커피하우스, 17세기 영국을 점령하다 --- 021
`Homemade Recipe` 아포가토 --- 030
검은 황금 뒤에 숨겨진 검은 눈물 --- 032
우리 삶에 깊숙이, 카페의 진화 --- 040
`Homemade Recipe` 에스프레소 마티니 --- 046

🍒 02 커피를 사랑한 인류의 노력들

커피, 씨앗부터 열매가 되기까지 --- 050
빨간 열매 속 생두의 변신 --- 058
`Homemade Recipe` 버터커피 --- 066
커피가 우리에게 도착하기까지 겪는 일 --- 068
커피의 혁명, 디카페인 & 인스턴트 커피 --- 073
상업 커피 시장 엿보기 --- 079

🍒 03 그윽한 커피 향과 카페인의 비밀

커피라는 이름의 중독적인 맛과 향 --- 086

카페인과 사랑에 빠진 인류	--- 091
1%의 차이를 만드는 커피와 물의 궁합	--- 095
커피를 맛보는 의식, 커핑	--- 097
Homemade Recipe 커피 아이스크림	--- 100

04 과학과 예술의 경지, 로스팅

커피를 커피답게 만드는 로스팅 기술	--- 104
로스팅 이후의 원두를 다루는 법	--- 116
프라이팬에서 드럼까지, 로스터의 진화	--- 124
Homemade Recipe 펌프킨 스파이스 라테	--- 132

05 천상의 인연, 에스프레소 & 우유

커피의 진한 영혼, 에스프레소	--- 136
에스프레소 머신 100년의 역사	--- 142
달곰쌉쌀한 에스프레소, 검은 영혼의 탄생	--- 147
Homemade Recipe 카스카라	--- 152
천국이 맺어준 인연, 에스프레소 & 우유	--- 154
부드럽게, 고소하게! 천상의 레시피	--- 160
Homemade Recipe 커피 리큐어	--- 170

06 분쇄와 추출, 커피를 완성하는 힘

서툰 분쇄는 커피를 망친다	--- 174
거친 분쇄기를 다루는 방법	--- 179

커피의 꽃, 추출의 과학적 지식 쌓기 --- 185
  Homemade Recipe 스트레이츠 7 --- 194

07 맛 따라 멋 따라! 커피 추출법 12

추출이 커피의 맛을 결정한다 --- 198
터키식 커피포트 추출 --- 201
모카포트 추출 --- 204
콜드브루 추출 --- 208
프렌치프레스 추출 --- 212
필터 커피 추출 --- 216
헝겊 필터 추출 --- 220
종이 필터 추출 --- 224
재사용 필터 추출 --- 228
클레버 드리퍼 추출 --- 231
에어로프레스 추출 --- 234
진공·사이펀 추출 --- 240

특별부록 지식과 교양을 갖추는 커피 3종 상식

1. 지도로 보는 커피 생산국 --- 246
2. 커피 품종별 특징 --- 262
3. 커피 용어 57 --- 265

감사의 말 --- 270

01

커피, 인류의 역사를 함께 쓰다

9세기경 역사에 처음 등장한 커피는 오스만 제국, 영국, 프랑스, 네덜란드 등을 거치며 점점 확산되었다. 16세기에는 커피하우스가 생겨나기 시작했는데, 이곳은 상인에서부터 정치인, 로비스트, 지식인, 과학자, 언론인, 평민에 이르기까지 모두가 자유롭게 드나들 수 있어서 1페니 대학이라 불리기도 했다.

커피 역사,
그 이야기의 시작

인류의 고향으로도 알려진 에티오피아는 커피의
고향이기도 하다. 커피는 에티오피아에서 어떻게 세상에
알려지게 되었을까? 무척 단순하다. 길을 걷던 목동이 우연히 발견했다.
이 평범한 사건이 국가 탄생에서부터 혁명, 심지어 과학적
발명에까지 영향을 주게 될 줄 누가 알았을까?

커피를 따라 세계의 패권이 움직이다

커피가 처음 알려진 것은 9세기경이었다. 우리가 현재 중동이라 부르는 지역에서 처음 커피가 알려졌고, 두 세기 동안 이 지역에서는 유례없이 활발한 교육과 계몽 활동이 이루어졌다.

이것이 커피와 무슨 상관이 있을까? 뚜렷한 역사적 증거는 없다. 커피의 탄생 이후 약 1,000년 동안 인류 역사를 살펴보면, 전세계적 패권을 거머쥔 수많은 국가에서 종종 커피문화의 발달이 선행한 것을 알 수 있다. 오스만 제국이 그랬고 영국, 프랑스, 스페인, 포르투갈, 네덜란드가 그랬으며, 미국 또한 마찬가지였다. 우연이라 볼 수도 있겠지만, 사람들이 모여 커피를 즐기던 장소에서는 끊임없이 혁신적인 사고방식이 태어났고, 계급제도에 대한 저항이 나타났으며, 교육과 토론이 꽃을 피웠다.

커피의 영향으로 중요한 혁명이나 내전, 봉기가 발생하기도 했다. 역사적으로 성직자, 왕, 정치인들은 많은 경우 사건의 배후로 커피를 지목했고, 심한 경우 커피 금지령을 내리기도 했다.

사실 유럽인들이 커피를 마시기 시작한 것은 불과 400년 전이다. 커피가 대서양을 건너 신세계에 전해진 지는 고작 300년밖에 되지 않았다. 그런데 이 짧은 기간 동안 커피는 놀랍도록 많은 일을 해냈다. 국가의 형성, 노예제도, 거대 무역회사의 탄생, 주요 언론지의 등장 그리고 현재 국제경제 구조에서 결코 빼놓을 수 없는 금융기관의 설립에까지 영향을 미쳤다. 요컨대 커피가 남긴 유산은 정치, 언론, 과학, 문학 등 우리 생활 전반에 스며들어 있다.

에티오피아를 지배한 악숨 왕국, 커피를 전파하다

커피의 유래를 찾기 위해 에티오피아로 가보자. 많은 사람들이 에티오피아를 커피의 탄생지로 받아들이고 있지만, 사실 에티오피아는 탄생지라기보다는 커피나무가 처음으로 재배된 곳일 가능성이 높다.

인류가 커피나무의 잎이나 열매(커피 체리라고도 부른다)를 정확히 언제부터 섭취하기 시작했는지는 미궁으로 남아 있다. 그나마 알려진 것은 약 2,000년 전 케파(Kefa) 왕국(현재의 에티오피아)에 살던 유목민족인 오로모족(The Nomadic Oromos Tribe)이 커피 잎과 열매를 덩어리 모양으로 반죽해 빨아먹거나 씹어 먹었다는 기록이다. 당시 커피는 음료라기보다는 카페인이 들어간 일종의 껌으로, 일시적으로 힘을 북돋는 역할을 했다. 그 이후 한동안은 커피에 대한 기록이 불분명하며 정황적인 증거만 찾아볼 수 있다.

5세기경 에티오피아 북부와 이집트 남부 지역을 지배하던 악숨(Aksum) 왕국이 있었다. 악숨 왕국은 현재의 예멘 지역 일부에 해당하는 힘야르(Himyar) 왕국을 침공했는데, 이때 커피나무가 처음 예멘으로 전해져 커피 재배가 시작되었을 가능성이 있다. 로마 제국은 악숨 왕국과 활발한 무역활동을 벌였는데, 커피를 마셨다는 기록이 없는 것을 보면 안타깝게도 로마인들은 이때 커피를 접하지 못한 것 같다.

악숨의 힘야르 침공은 실패로 돌아갔지만, 두 국가는 7세기 내내 활발한 정치적, 지적 교류를 즐겼다. 시간이 흐르며 커피는 (예멘의 모카항을 통과하는) 아랍 교역로를 따라 중동 전역으로 퍼져나갔다. 이때 비슷한 시기에 탄생해 번성한 이슬람교 또한 커피 전파에 큰 영향을 미쳤다.

커피에 관한 전설

커피의 발견에 얽힌 유명한 이야기를 언급하고 넘어가는 편이 좋겠다. 전해내려오는 이야기에 따르면, 커피를 처음 발견한 것은 칼디(Kaldi)라는 젊은 에티오피아 목동이라고 한다. (아마 이 가설이 널리 퍼지게 된 것은 여러 버전으로 각색이 가능했기 때문이지 싶다.)

칼디는 염소를 돌보는 목동이었는데, 어느 날 저녁에 보니 한 식물의 잎사귀와 빨간 열매를 먹은 염소들이 유난히 힘차게 뛰놀고 있었다. 호기심에 그 열매를 직접 먹어보았더니 효과가 단숨에 나타났다. 정신이 번쩍 들며 힘이 펄펄 났던 것이다. 카페인, 즉 오늘날 전세계적으로 가장 많은 사람들이 즐기는 약물은 한 목동에 의해 이렇게 우연히 발견되었다. 칼디가 그 후 어떻게 했는지에 대해서는 의견이 분분하다. 근처에 살던 마을 장로나 사제에게 커피를 전했다는 이야기도 있고, 커피의 영향으로 염소들과 함께 춤을 추며 놀게 되었다는 신화적인 이야기도 있다.

악숨 왕국의 침공을 받으며 커피나무가 전해진 예멘에도 자체적인 커피 발견설이 있다. 이 이야기에는 예멘의 도시 모카(Mokha)의 성벽 밖으로 추방된 오마르(Omar)라는 남자가 등장한다. 황무지를 방황하며 죽음 직전까지 내몰린 오마르는 우연히 커피나무의 열매를 먹었고, 그 덕에 힘을 얻어 다시 도시로 돌아오게 되었다. 사람들은 그가 살아서 돌아온 것은 신의 은총 덕분이라고 생각했고, 그가 황무지에서 발견한 커피나무에 대해서도 같은 생각을 했다. 커피는 곧 모카 주민들의 인기 음료가 되었다.

커피, 향과 취기로 재판을 받다

아랍 문화에서도 커피를 발견할 수 있다. 아랍인들은 커피로 만든 음료를 까후와(Qwaha)라고 불렀는데, 이는 아랍어로 '술'을 뜻한다. 이슬람교에서 음주를 금하고 있다는 점을 감안하면, 아마 커피는 이들이 마실 수 있는 음료 중 술에 가장 가까운 것이었을 가능성이 높다.

커피는 밤샘 기도가 필요한 이슬람 종교의식에 자주 활용되었고, 이슬람교와 함께 자연스럽게 퍼져나갔다. 유럽이 아직 중세 암흑기를 헤매던 시기에 아랍 세계에서는 커피나무 씨앗(원두)을 말리고 볶아 가루를 내어 우리가 지금 커피라고 부르는 음료와 비슷한 것을 만들어 마시기 시작한 것 같다. 기록상 세계 최초의 커피하우스 역시 이슬람 문화권인 터키의 키바 한(Kiva Han)이다.(기록에는 없지만 커피 무역이 번성한 예멘에서 15세기 말경 먼저 생겨났을 가능성도 있다.)

커피는 아랍 국가들의 중요한 교역 상품이 되었다. 그런데 커피가 인기를 얻자 그 각성효과를 마뜩잖게 생각하는 권력자가 등장하기 시작했고, 이러한 일은 역사 속에서 몇 번이나 반복되었다.

메카(Mecca)의 총독이었던 카이르 베이(Kha'ir Bey)는 1511년 실제로 커피 주전자를 율법학자들 앞에 놓고 재판을 진행하기도 했다. 커피가 '사람들을 취하게 하거나 법이 금하는 무질서한 행동을 하게 한다'는 이유에서였다. 총독은 결국 커피 금지령을 내렸다. 처음에는 이 금지령이 성공을 거두는 듯했다. 커피는 거리 곳곳에서 불태워졌고 커피하우스는 폐쇄되었다. 그러나 몇 달 지나지 않아 더 높은 곳에서 새로운 명령이 내려왔고 금지령은 철회되었다. 그 후 약 200년 동안 중동을 비롯한 여러 지역에서 술탄, 총독, 왕을 비롯한 수많은 권력자들이 유사한 금지령을 시행하고 철회하기를 반복했다.

일찍부터 커피의 가치를 깨달은 오스만 제국

오스만 제국은 영리했다. 1517년 예멘을 정복한 뒤 커피의 높은 상품성을 깨닫고는 예멘 외의 지역에서 커피가 재배되는 것을 막기 위해 커피 수출을 법으로 엄격하게 통제하기 시작했다. 당시 예멘에서 생산된 커피는 수에즈까지 해로로, 다시 알렉산드리아까지 육로로 운반되어 그곳에서 유럽항으로 수출되었다. 커피 씨앗의 반출을 막고 싶었던 오스만인들은 커피콩을 물에 끓이거나 살짝 볶은 다음에 수출했다. 한동안은 이 방법이 통하는 것 같았지만 결국에는 누군가 씨앗을 몰래 빼냈고, 이렇게 반출된 커피는 인도에서 성공적으로 재배되었다.(최초로 커피 씨앗을 반출한 사람은 인도에서 온 순례자 바바 부단(Baba Budan)으로 전해진다. 커피 씨앗을 배에 끈으로 동여매어 숨겨 나왔다고 한다.)

이 19세기 회화 속에서는 귀족 여성 3명이 아이를 데리고 베들레헴의 커피하우스에서 커피를 즐기고 있다.

커피, 투르크를 통해 유럽에 알려지다

커피는 16세기 말경부터 유럽 문헌에 등장하기 시작한다. 커피에 대한 설명과 삽화가 최초로 등장하는 책은 이탈리아의 식물학자인 프로스페르 알피누스(Prosper Alpinus)의 《이집트 식물도감(Book of Egyptian Plants)》(1592)이다. 알피누스는 자신의 책에 투르크인들이 커피 열매로 즙이나 음료를 만들어 마신다고 기록했다. 이국적인 커피나무와 그 열매로 만든 이 투르크 음료에 대한 이야기는 네덜란드 의사 팔루다누스(Paludanus)의 《여행기(Itinerario)》(1596)에도 등장한다.

"투르크인들은 매일 아침 방 안에서 공복에 이 음료를 마신다. 토기 주전자에서 따라 마시는 이 음료는 매우 뜨겁다. [……] 투르크인들에 따르면 이 음료는 원기를 북돋고 몸을 따뜻하게 하며, 방귀 배출을 돕고 소화불량을 해소해준다."

1610년 무렵 오스만 제국의 화려한 수도였던 콘스탄티노플(현재의 이스탄불)은 당시 세계에서 가장 크고 부유한 도시였다. 콘스탄티노플에서 가장 인기 있는 음료는 단연 코파(Coffa), 즉 커피였다. 강력한 오스만 제국의 음료는 유럽인들의 호기심을 자극하기에 충분했다. 어쨌든 오스만은 당시까지 존재한 그 어떤 국가보다도 거대한 제국이었고 북아프리카에서 동유럽에 이르는 광활한 영토를 지배하고 있었으니 말이다. 유럽의 식물학자들과 의사들 사이에서는 커피나무와 그 열매에 대한 관심이 높아졌고, 일반인들도 코파 음료의 이로운 효과에 관심을 갖기 시작했다.

커피하우스, 17세기 영국을 점령하다

커피는 정신을 맑게 해 대화와 토론을 활성화시켰다.
1674년 무명의 한 영국 시인은 커피를 일컬어 "아픈 속을 낫게 하고,
천재를 더욱 기민하게 하며, 기억을 돕고, 슬픈 이를 되살리며, 기운을 북돋는,
그러나 취하지는 않는, 엄숙하고 건전한 술"이라고 칭송했다. 이것이
영국에서 커피하우스가 유행하게 된 본질적인 이유다.

작은 노점상에 지나지 않던 최초의 커피하우스

오늘날 우리가 즐겨 찾는 카페의 시초는 커피하우스(Coffee House)다. 커피는 1600년대 초에 처음으로 영국에 들어왔고, 1652년에는 유럽 최초의 커피하우스가 런던에서 문을 열었다.(때때로 옥스퍼드라는 기록도 있다.) 북적거리는 콘힐(Cone Heel) 지역의 세인트미카엘성당 묘지 근처에서 처음 커피를 팔기 시작한 이 커피하우스는 사실 카페라기보다는 작은 노점상에 가까웠다.

커피 노점을 연 주인공인 파스카 로지(Pasqua Rosee)는 시칠리아에서 태어난 것으로 알려져 있는데, 외부인인데다 새로운 경쟁자인 그를 런던의 선술집 주인들이 곱게 봐줄 리가 없었다. 그러나 수완 좋은 사업가였던 로지는 런던 출신의 크리스토퍼 보먼(Christopher Bowman)과 손잡고 사업을 키워나갔으며, 커피의 마법 같은 효능이 알려지면서 그의 커피 노점은 큰 인기를 끌었다. 로

지는 얼마 지나지 않아 원래 노점이 있던 곳의 건너편으로 자리를 옮겨 큰 커피하우스를 운영하게 되었다.

그 후 런던에는 커피하우스가 그야말로 우후죽순 생겨나기 시작했다. 파스카 로지의 커피하우스가 처음 영업을 시작한 지 채 10년이 지나지 않아 런던에만 100개에 달하는 커피하우스가 생겼으며, 옥스퍼드와 케임브리지에서도 커피하우스를 찾아볼 수 있게 되었다. 일설에 따르면 18세기 말에 이르러서는 커피하우스가 1,000개가 넘었다고 한다.

1870년에 그려진 이 아랍식 커피하우스 그림에서 볼 수 있듯 커피는 늘 누군가와 함께 마시는 사회적 음료였다.

커피하우스는 차별 없는 자유의 공간

커피하우스에는 정해진 자리도 계급에 따른 차별도 없었으며, (여성만 빼고) 누구나 자유롭게 드나들 수 있었다. 상인에서부터 정치인, 로비스트, 지식인, 과학자, 언론인, 학자, 시인, 평민에 이르기까지 다양한 계층의 사람들이 커피하우스에 자리를 잡고 앉아 사업을 의논하거나 '화로 위에 놓인 주전자와 거름망, 국자가 달그락거리는 소리'를 배경 삼아 커피를 홀짝거리며 자유로운 주제로 이루어지는 대화와 토론에 참여했다.

존 스타키(John Starkey)는 《커피와 커피하우스의 특징(A Character of Coffee and Coffeehouses)》(1661)에서 당시의 커피하우스 문화를 이렇게 설명했다.

"커피하우스에서는 사람을 차별하지 않는다. 이곳에는 정해진 자리가 없으며, 커피를 마시는 사람이면 누구나 의자를 차지하고 앉을 수 있다. 평등이라는 이러한 위대한 특권은 인류의 황금시대와 커피하우스에서만 찾아볼 수 있었다."

정치·사회·과학 등 지식이 넘쳐나던 1페니 대학

커피하우스는 정치 얘기를 나누기에 그야말로 최적인 장소였고, 심지어 이곳에서 정권을 잡은 자들에 대한 불만이나 반역에 대한 얘기도 오갔다. 이를 우려한 영국 국왕 찰스 2세(1660-1685)는 런던의 커피하우스 곳곳에 스파이를 심어두기도 했고, 1675년에는 커피하우스 폐쇄령을 선포하기까지 했다. 찰스 2세는 사람들이 커피하우스 때문에 "마땅한 직분과 의무를 잊고 많은 시간을 허비한다"고 주장했는데, 커피하우스 운영자와 정치인들이 합심해 반발한 탓에 결국 폐쇄령은 통과되지 못했다.

17세기 말이 되자 런던의 커피하우스는 '1페니 대학(Penny University)'이라는 별명을 얻게 되었다. 사람들이 커피하우스에서 1페니를 내고 커피를 마시면서 새로운 과학적 사고를 구축하기도 하고, 다양한 가설과 이론을 시험하기도 했기 때문이다. 커피하우스는 당시 자연철학이라는 이름으로 불린 물리학 실험의 주요 무대가 되기도 했다.

특정 사업이나 예술 분야에 특화되어 관련 정보를 나누고 토론하며 배울 수 있는 커피하우스들도 다수 생겨났다. 세인트폴대성당의 건축가인 크리스토퍼 렌(Christopher Wren)과 과학자인 로버트 훅(Robert Hooke)도 그레시안(Grecian), 개러웨이스(Garraways) 등의 커피하우스를 드나들던 단골 중 하나였다.

런던의 초기 커피하우스 내부. 다양한 활동으로 활기찬 모습을 보인 것을 엿볼 수 있다.

아이작 뉴턴이 처음으로 중력 이론에 대해 쓴 《자연철학의 수학적 원리(Principia)》는 1687년에 출간되었는데, 이 위대한 저작이 탄생한 데는 사과의 낙하보다 케임브리지 커피하우스의 공이 더 컸다고 말하는 이들도 있다. 또한 스코틀랜드 출신 학자인 애덤 스미스(Adam Smith)는 런던의 브리티시 커피숍(British Coffee Shop)에서 경제학 분야에서 역사상 가장 중요한 저서로 꼽히는 《국부론(The Wealth of Nations)》의 상당 부분을 쓴 것으로 알려져 있다.

영국 증권거래소의 모태는 카페였다?

브리티시 커피숍을 비롯한 런던의 주요 커피하우스들은 무역과 상업을 논하는 사랑방 역할도 겸했다. 다양한 업자들이 이곳에 모여 주가에 영향을 미치는 식민지의 최신 소식들을 나눴다. 그중 하나가 바로 조나단 커피하우스(Jonathan's Coffee House)였다. 당시 영국의 주식거래는 왕립거래소(Royal Exchange)에서 이루어졌는데, 왕실이 엄격한 거래 규정을 도입하자 많은 사람들이 왕립거래소를 떠나 조나단 커피하우스로 몰리기 시작했다. 100여 년의 세월이 흐른 1773년, 일부 중개인들이 독립해 '뉴 조나단'을 개업했으며 얼마 지나지 않아 '증권거래소'라는 이름으로 더 널리 알려지게 되었다. 그리고 이것이 현재 런던 증권거래소의 모태다.

세계 최대의 보험중개 기업인 런던 로이드사 또한 이와 비슷한 과정으로 커피하우스에서 시작되었다. 그 때문에 로이드 빌딩의 경비원들은 여전히 '웨이터'라는 명칭으로 불리고 있기도 하다.

이 밖에도 영국의 보수 잡지인 〈스펙테이터(The Spectator)〉, 일간지 〈가디언(The Guardian)〉, 대중 잡지 〈태틀러(The Tatler)〉 등 주요 잡지와 신문 또한 커피하우스에서 직간접적인 영향을 받아 탄생했다는 것을 아는가? 지식인과 다양한 분야의 사람들이 모여들어 정보를 공유하는 분위기 속에서 다양한 이야기가 뒤섞인 잡지와 신문이 탄생한 것이다. 사회 고위층만 접근할 수 있었던 소식과 논평을 대중들도 읽을 수 있게 된 데 커피의 기여도 있었다는 것이 놀라울 따름이다.

'뜨거운 지옥의 국물'로 기록된 초기 커피

그럼 당시 커피하우스에서 팔던 커피의 맛은 어땠을까? 아마 꽤나 별로였던 것 같다. 앞서 언급한 《커피와 커피하우스의 특징》에서 존 스타키는 커피를 묘사하며 "끓인 잿물", "묵은 빵 껍질 냄새" 등의 표현을 썼으며, 다른 문헌에서는 "말 씻긴 물 맛이 나는 술"이라든가 "뜨거운 지옥의 국물" 등 더 심

17세기 영국의 커피하우스를 보여주는 그림. 탁자 위에 커피잔이 놓여 있다.

한 표현도 발견된다.

대부분의 커피하우스는 원두를 직접 볶아 사용했는데, 문헌에 소개된 설명을 보면 다크로스팅한 원두로 커피를 만들었음을 추측할 수 있다. 하지만 당시 커피의 강한 쓴맛은 커피를 장시간 동안 반복적으로 끓여 추출하던 오스만식 추출법에서 기인했을 가능성도 있다. 당시의 추출법 중 어떤 것은 심지어 강한 풍미를 위해 이미 추출한 커피 가루를 도로 넣고 15분 동안 팔팔 끓인 물로 커피를 추출하라고 되어 있기도 하다.

커피하우스들은 커피의 맛보다는 모양에 더 치중했고, 일부 가게는 커피 찌꺼기를 걸러내기 위해 달걀 흰자나 부레풀(물고기 부레에서 추출한 물질로 만든 젤라틴)을 사용하기도 했다. 또한 그날 팔 커피를 아침에 한꺼번에 만들어놓고 주문이 들어오면 조금씩 데워서 판매하는 게 일반적이었는데, 이 또한 커피 맛을 떨어뜨리는 요인이었을 것이다.

세계로 뻗어나간 커피 대항로

파리에는 런던보다 20년 늦은 1672년에 최초의 커피하우스가 생겼다. 런던의 커피하우스 문화를 연 파스카 로지가 관여했다는 주장도 있다. 안타깝게도 시간이 흐르면서 파리에 존재했던 최초 카페의 흔적은 모두 사라져버렸지만, 1686년에 문을 연 카페 프로코프(Cafe Procope)는 여전히 건재하다.

프로코프는 계몽주의자들이 모이는 만남의 장으로 유명했으며, 루소(Rousseau), 디드로(Diderot), 볼테르(Voltaire) 등이 단골로 드나들었다. 특히 볼테르는 커피를 하루에 40잔씩 마신다는 소문이 돌 정도의 커피 애호가로, 세계 최초의 근대식 백과사전이자 프랑스혁명의 사상적 배경이 된《백과전서

(Encyclodedie)》를 바로 이 카페에서 처음 구상했다고 한다. 미국 건국의 아버지인 토머스 제퍼슨(Thomas Jefferson)과 벤자민 프랭클린(Benjamin Franklin)도 파리에 올 때면 프로코프를 찾았으며, 이곳에서 둘이 마주친 적도 있다고 한다.

파리의 또 다른 유명 커피하우스로는 프랑스혁명의 진원지로 알려진 카페 드 푸아(Cafe de Foy)를 꼽을 수 있다. 1789년 7월 12일, 카미유 데물랭(Camille Desmoulins)(프랑스혁명기의 변호사이자 언론인)은 경찰의 첩자들이 눈을 빛내며 감시하는 가운데 대담하게 탁자에 올라 권총을 높이 빼들고는 "무기를 들어라, 시민들이여!(Aux armes, citoyens!)"라고 외치며 시민봉기를 이끌었다. 이틀 후 바스티유감옥은 시민들에게 함락되었고, 그렇게 프랑스혁명이 시작되었다.

유럽에서 커피하우스가 가장 널리 유행한 도시는 두말할 것도 없이 런던이었지만, 1670년대 말에 이르러서는 대부분의 도시에 카페가 적어도 1개씩은 등장했다. 미국 최초의 커피하우스는 1671년 보스턴에서 문을 열었고, 25년 후에는 한 영국인 이민자가 뉴욕 최초로 브로드웨이에 커피하우스를 열었다.

1789년 파리의 카페 드 푸아에서 카미유 데물랭은 탁자에 뛰어올라 동지들에게 무장을 호소했고, 커피는 혁명의 음료가 되었다.

아포가토
Affogato

재료 (1잔)

- 바닐라 아이스크림 150ml
- 에스프레소 더블샷

뜨거운 에스프레소를 아이스크림 위에 붓거나 별도의 잔에 담아서 낸다.

아포가토는 이탈리아어로 '~에 빠진'이라는 의미다. 달콤하게 녹아내린 채 에스프레소에 빠져 있는 아이스크림의 매혹적인 모습을 보면 이 디저트의 이름이 어디에서 왔는지 알 수 있다. 에스프레소와 아이스크림의 만남은 땅콩버터와 잼의 만남에 비견할 만한 역사적 사건이다. 단순하지만 치명적인 아포가토의 매력은 거부할 수가 없다.

안타깝게도 아포가토의 유래는 명확하지 않다. 그러나 만약 아포카토를 처음 만든 사람을 만날 수 있다면 찾아가 왜 더 일찍 개발하지 않았느냐고 따져 묻고 싶은 마음뿐이다.

'아포가토'라는 단어가 옥스퍼드 영어사전에 처음 등재된 것은 1992년이지만 그전에도 아포가토가 존재했음을 알리는 자료는 많다. 1980년대 이탈리아 요리책에 아포가토가 언급되어 있으며, 당시 출간된 이탈리아 여행 책자에도 등장한다. 텍사스 주 휴스턴에 위치한 아르노(Arno's)라는 이탈리아 레스토랑이 1979년 사용한 메뉴판을 살펴보면, 아이스크림과 에스프레소를 함께 내는 메뉴가 있었음을 알 수 있다. 아마 그 이전에도 이탈리아 내에서 널리 즐기던 메뉴일 가능성이 높다.

아포가토를 즐기는 방법은 다양하다. 그라파(Grappa, 독한 이탈리아 술)나 위스키를 넣어 즐기는 이들도 있고, 초콜릿이나 헤이즐넛 시럽을 뿌려 먹는 사람들도 있다. 미국에서는 한때 휘핑크림을 얹어 먹는 것이 유행하기도 했다.

그러나 아포가토는 그 자체로 이미 완벽하다. 쓴맛이 도는 에스프레소는 부드러운 바닐라 아이스크림의 질감으로 균형을 찾고, 달콤한 아이스크림은 다시 쌉쌀한 에스프레소의 맛으로 균형을 찾는다. 이렇게 정신없이 맛의 균형을 즐기다 보면 어느새 에스프레소와 아이스크림이 하나로 섞여들어 반쯤 얼린 커피 아이스크림 같은 모습이 된다.

아포가토를 만드는 레시피는 정말 간단하다. 주의할 점이 있다면 라이트로스팅한 원두로 에스프레소를 추출할 경우 신맛이 나서 아이스크림의 맛과 어우러지지 않는다는 점이다. 아이스크림이 맛있을수록 아포가토도 맛있어지지만, 저렴한 제품을 이용해도 에스프레소의 마법으로 훌륭한 아포가토가 된다. 아포가토는 평범하기 짝이 없는 아이스크림을 고급스러운 디저트로 변신시켜주는 가장 간단한 방법이다.

검은 황금 뒤에 숨겨진
검은 눈물

유럽의 커피 소비량은 계속해서 증가했다.
18세기 초가 되자 유럽 국가들은 수입(아랍) 커피에만
전적으로 의존하는 것을 불안해하기 시작했다. 이를 해결하기
위해 가장 먼저 행동에 나선 것은 네덜란드였다.

식민지, 커피의 새로운 판도를 열다

네덜란드인들은 인도의 말라바(Malabar) 지역과 네덜란드령 실론(Ceylon, 스리랑카) 지역에서 커피를 재배하는 데 성공했고, 1699년에는 자바섬에 있는 바타비아(Batavia, 자카르타의 옛 이름)로 묘목을 옮겨 심었다.

그로부터 약 10년 후, 암스테르담에는 네덜란드인들이 재배한 자바커피 360kg이 처음으로 들어왔고, 이 커피는 모두 고가에 팔려나갔다. 이로써 아랍 국가들의 커피 독점은 무너졌고, 곧 등장한 거대기업 동인도회사가 실어 나르는 자바섬의 커피가 유럽에서 소비되는 커피의 절반 이상을 차지하게 되었다. 그 이후로 자바는 쭉 커피의 또 다른 이름이 되었다.

네덜란드인들이 인도네시아에서 커피 재배를 막 시작할 즈음, 프랑스 또한 인도양의 마다가스카르섬에서 동쪽으로 800km 떨어진 부르봉(Bourbon,

버번, 현재의 레위니옹)섬에 작은 커피나무를 가져다 심었다. 커피나무의 출처를 두고 의견이 분분한데, 프랑스인들이 자바에서 가져왔다는 말도 있고, 오스만 제국의 술탄에게서 선물로 받았다는 얘기도 있다. 그런가 하면 커피가 부르봉섬에 자생하고 있었다는 주장도 있다.

프랑스인들이 커피나무를 손에 넣은 경로야 어떻든 간에 부르봉섬에서 재배는 커피 역사에 큰 전환점이 된다. 그곳에서 변종이 생겨나 현재 버번(혹은 부르봉)종으로 알려진 새로운 커피 품종이 등장하게 되었기 때문이다.

버번종은 다른 일반적인 품종인 타이피카(Typica)종에 비해 수확량이 20% 가량 높다. 이 새로운 품종을 발견한 사람은 1711년 부르봉섬을 방문한 한 프랑스 관리였는데, 당시 문헌을 보면 "열매가 빽빽하게 달린 3~3.5미터 높이의 야생 커피나무를 발견했다"고 기록되어 있다. 이 품종은 150년 후 브라질로 이식되었고, 특유의 깔끔한 산미와 뛰어난 밸런스로 오늘날 가장 사랑받는 품종 중 하나가 되었다. 버번종은 다양한 변이와 교배를 통해 현재 20여 종의 품종으로 분화되었다.

루이 14세의 커피나무를 훔쳐라!

서인도제도에서 최초로 커피를 재배한 것은 네덜란드였을 가능성이 높다. 1713년 무렵 네덜란드는 식민지로 두고 있던 기아나(남아메리카의 북동쪽) 지역의 수리남에 커피나무를 들여와 재배하기 시작했다.

그러나 커피의 아메리카대륙 전파에 관한 가장 유명한 일화는 사실 따로 있다. 바로 네덜란드가 수리남에서 커피 재배를 시작한 지 7년 후인 1720년, 프랑스 해군 장교 가브리엘 드 클리외(Gabriel de Clieu)가 커피나무 한 그루를 가지고 대서양을 건넌 이야기다.

커피를 둘러싼 클리외의 모험담은 1774년 판 〈문예연감(Année Littéraire)〉(문학 비평이나 독자 투고 등을 소개하던 프랑스 잡지)에 자세히 소개되어 있다. 물론 어디까지 믿을지는 각자의 판단에 맡겨야겠지만, 어쨌든 그의 대모험은 할리우드에서 블록버스터 영화로 제작해도 손색없을 정도로 흥미진진하니 한번 들여다보자.

클리외는 사탕수수가 잘 자라는 지역이라면 커피도 재배할 수 있으리라 믿었고, 그의 생각은 적중했다. 마땅한 장소를 물색한 끝에 프랑스령 마르티니크(Martinique)가 적합할 것 같다는 결론을 내렸지만, 커피 묘목을 어디서 구할지가 문제였다. 당시 프랑스에는 커피 묘목이 딱 한 그루 있었다. 암스테르담 시장이 루이 14세에게 선물한 것으로, 왕실 정원에 고이 모셔져 있어 접근이 쉽지 않았다. 궁리 끝에 클리외는 잘생긴 외모와 매력을 총동원해 한 상류층 여성을 유혹했고, 적당한 협박을 곁들여 온실에 있던 묘목을 훔쳐내도록 했다.

묘목을 손에 넣은 클리외는 지체 없이 마르티니크행 해군 함선에 올랐다. 커피 묘목은 직접 제작한 유리용기에 안전하게 담은 채였다. 마르티니크로 향하는 여정이 실제 어땠는지 다 알 수는 없지만, 클리외의 모험담에 따르면 거센 폭풍과 튀니지 해적의 공격, 네덜란드 스파이의 마수에서 묘목을 지켜내야 했다고 한다.(비록 그 과정에서 이파리가 몇 개 뜯겨나가긴 했지만 말이다.) 클리외는 굶주림과 바다 괴물의 공격에도 굴하지 않았다. 항해 막바지 몇 주 동안은 물이 모자랐는데, 클리외는 소중한 묘목을 살리기 위해 자기 몫의 식수를 아껴가며 물을 주었다.

이러한 고생이 헛되지 않았는지 묘목은 무사히 마르티니크에 도착했고,

그 종자로 커피를 번식시킬 수 있었다. 정확한 숫자에 대해서는 의견이 분분하지만, 일설에 따르면 마르티니크의 커피나무는 9년이라는 짧은 기간 동안 300만 그루로 불어났다고 한다.

마르티니크에서의 성공에 힘입어 여타 프랑스령 제도들 또한 꺾꽂이를 할 커피나무 가지나 묘목을 구해와 커피를 재배하기 시작했으며, 카리브해와 중남미 지역의 커피농장은 기하급수적으로 늘어났다.

커피는 콜롬비아에서는 1723년, 브라질에서는 1727년부터 재배되기 시작했다. 커피가 브라질에 전파된 것에 대해서는 전해지는 얘기가 있는데, 바로 프랑스령 가이아나 총독의 부인이 커피 묘목을 꽃다발 속에 숨겨 한 브라

1720년 대서양을 가로지르는 긴 항해 중 커피 묘목을 지키기 위해 자기 몫의 식수를 화분에 붓는 가브리엘 드 클리외

질 중령에게 몰래 전했다는 것이다. 이어 자메이카에는 1728년, 베네수엘라에는 1730년에 전파되었으며, 히스파니올라(현재의 도미니카공화국과 아이티)에는 1735년, 과테말라에는 1747년, 그리고 쿠바에는 1748년에 전해졌다.

1780년이 되자 아이티(Haiti)의 산 도밍고(San Domingo)는 세계 커피 공급량의 절반가량을 생산하게 되었다. 이렇게 아메리카대륙의 모든 커피는 물론이고 당시 상업적으로 생산되던 거의 모든 커피의 역사는 1713년 루이 14세의 정원에 심어져 있던 커피나무 한 그루로 거슬러올라갈 수 있다. 그 많은 커피나무가 1713년 루이 14세의 왕실 정원에 있던 단 한 그루의 커피나무에서 나왔다는 걸 생각하면 실로 놀라운 일이 아닐 수 없다.

노예들의 검은 눈물, 커피

1800년대 초 사탕수수 대체 작물로 사탕무가 대두하면서 신대륙 작물로 오랫동안 안정적인 가격을 유지했던 사탕수수의 가격이 곤두박질쳤다. 반면 유럽의 커피 수요는 지속적인 증가세를 보였다. 각국은 당연히 커피 생산과 공급을 늘려갔다.

1773년 12월 6일 보스턴 차 사건으로 미국인들의 커피 소비가 늘기 시작했고, 1812년 영미전쟁으로 차 공급이 일시적으로 중단되자 커피는 미국의 국민음료로 자리잡게 되었다. 물론 이 시기 미국이 커피를 비롯한 프랑스식 문물을 적극적으로 받아들인 것도 한몫했다.

미국의 커피 소비 증가로 가장 이득을 본 것은 브라질이었다. 당시 브라질은 커피 재배를 농업이라기보다는 산업으로 보았으며, 이러한 시각은 지금까지도 유효하다. 리우데자네이루 근교의 파라이바강 유역에는 거대한 커피농장이 생겨났으며, 부유한 농장주들은 수많은 노예를 부리며 더 많은 부를 축적해갔다. 1920년에 이르러 브라질은 세계 커피 공급량의 80%를 담당하게 되었다. 지금은 약 35%를 차지하고 있다.

안타깝게도 노예 이용, 불평등, 자본주의적 방식 등은 브라질뿐 아니라 다른 커피 재배국에서도 나타났다. '검은 황금'이라고도 불린 커피의 19~20세기 역사를 살펴보면 처음에는 유럽이, 나중에는 미국이 경제력을 동원해 커피 생산국들에게 압력을 행사하고 마음대로 주물러왔음을 알 수 있다. 많은 커피 생산국들은 커피 생산이라는 족쇄에 묶여 개발의 초기 단계에서 벗어나지 못한 채 부유한 서구 국가들의 요구에 맞춰 커피를 재배해야 했다. 커피 생산은 아프리카 내 영국이나 벨기에의 식민지였던 많은 국가들의 발전을 제한했다. 일례로 케냐와 말라위 정부는 자국 내 커피농장에 대한 소유권이나 통제권을 주장할 수 없었으며, 벨기에의 통치하에 있던 중부 아프리카 국가 부룬디에서는 1933년부터 모든 농부가 의무적으로 최소 50그루 이상의 커피나무를 재배해야 했다.

제2차 세계대전 이후 많은 커피 생산국이 식민지배를 벗어났지만 시민봉기, 사회변동, 경제불황, 정치불안정, 외국의 통상금지 조치로 고전을 면치 못했다. 설상가상으로 커피녹병과 시장불안정, 기근까지 덮쳤다. 식민통치가 끝난 후 새롭게 들어선 정부도 딱히 이전 정부에 비해 나을 것 없는 경우가 허다했고, 결국 수많은 비극이 발생했다. 커피농장이 들어서는 지역에 살던 과테말라의 원주민들은 땅을 빼앗기고 쫓겨나야 했으며, 손바닥만한 경작지에서 농사를 짓던 엘살바도르 농부들은 아무런 보상도 받지 못한 채 땅을 빼앗겨야 했다. 모두 커피를 키우기 위해서였다.

Barista's Tip
커피녹병은 커피 잎에 번식하는 곰팡이균이다. 전염성이 강해 커피 재배에 심각한 피해를 초래한다.(56쪽 참고)

에티오피아 남서부 도시 지마(Jima)에 있는 커피농장의 전경. 2007년 지역 재정비로 이름이 바뀐 이 지역의 옛 이름은 카파(Kaffa)이며, 커피의 발상지로 알려져 있다.

물론 온통 비극뿐이었던 것은 아니지만, 커피 재배의 역사에서 행복하기만 한 성공담을 찾기 어려운 것은 사실이다. 중미의 코스타리카는 모범적인 커피 생산국으로 꼽히는데, 이는 약 200년간 국민들한테 커피 경작을 장려해 온 정부의 덕도 있다. 코스타리카 정부는 한때 생산을 장려하기 위해 커피 종자와 땅을 무상으로 제공하기도 했다.

상업적 로스팅의 출현, 홈로스팅의 종말

20세기에도 커피 수요는 점점 증가했다. 미국의 커피 소비량은 거의 매년 증가했고, 1949년에는 1인당 월평균 소비량이 1kg에 달하며 정점을 찍었다. 1900년과 비교했을 때 2배에 달하는 수치였다. 간편하게 물에 타 마시는 인스턴트 커피가 인기를 끌면서 미국의 커피 수입은 더욱 증가했고, 이로 인해 저렴한 로부스타(Robusta)종 커피를 생산하는 베트남 등의 국가가 존재감을 드러낼 수 있었다.

인스턴트 커피가 등장하기 전까지 약 200년 동안 소비자들은 생두와 원두 사이를 끊임없이 오갔다. 커피하우스에 가서 마시는 이국적인 음료로 시작된 커피는 시간이 지나면서 점차 집에서도 직접 볶아 추출할 수 있는 음료로 진화했다. 사람들이 생두가 아닌 로스팅된 원두를 사기까지는 꽤 오랜 시간이 걸렸는데 여기에는 그럴 만한 이유가 있다. 바로 치커리나 콩, 옥수수 등으로 만든 가짜 커피일지 모른다는 우려 때문이었다. 1875년 독일에서는 '커피 대용품'을 커피로 속여 팔지 못하게 하는 법이 통과되었다.

가짜 커피는 독일 커피 시장을 오랫동안 괴롭혀온 문제였다. 심지어 1845년 발행된 한 주부 잡지는 커피 원두를 분쇄하기 전에 반드시 물에 한 번 씻어서 잉크가 번져나오는지 확인하라고 조언하기까지 했다. 새롭게 통과된 법안 덕분에 소비자들은 점차 시중에서 판매하는 로스팅 원두에 대한 신뢰를 회복하게 되었고, 집에서 직접 원두를 볶는 전통은 점차 사라져갔다. 동시에 상업적으로 로스팅한 제품에 대한 수요가 크게 증가했다.

홈로스팅이 대세였던 시대의 종말을 환영해야 하는지는 모르겠지만, 어쨌든 그 이후로 커피에 많은 발전이 있었던 것은 두말할 필요 없는 사실이다. 독일은 품질 우선 정책으로 상업적인 로스팅 산업의 안정적인 탄생을 이끌었고, 독일 로스팅업체들은 지금까지도 높은 인기를 자랑하고 있다.

우리 삶에 깊숙이, 카페의 진화

지난 50년간 사람들은 점점 집이 아닌 곳에서 커피를
즐기게 되었다. 이러한 문화가 확산된 데는 아무래도 에스프레소의
영향이 크다. 커피를 마신다는 것은 단순히 음료를 마시는 것이 아니라
낭만과 열정을 즐기는 행위라는 생각이 이탈리아를 중심으로
자리잡았으며 이는 곧 유럽으로 퍼져나갔다.

에스프레소 바부터 스타벅스까지, 카페의 발전

이탈리아 외의 도시에 에스프레소 바가 문을 연 것은 1950년대로, 런던, 멜버른, 웰링턴, 샌프란시스코 등지에서 생겨나기 시작했다. 많은 이들이 이런 에스프레소 바를 못마땅하게 생각했다. 어떤 이들에게는 겉멋만 잔뜩 든 과시적인 장소로 비치기도 했다. 1957년 사회학자 리처드 호바트(Richard Hobbart)는 런던의 한 에스프레소 바를 일컬어 "썩어빠진 정신머리로 가득 찬, 우유 끓는 내가 진동하는 곳"이라고 묘사했다. 에스프레소 바를 찾는 것은 주로 젊은 층이었는데, 어른들의 눈에는 에스프레소 바를 채운 젊은이들이 제멋대로이고 문란하며 무책임한 이들로 비쳤다. 사실 위 세대가 아래 세대를 못마땅한 눈으로 바라보는 것이 하루이틀 일은 아니지만 말이다. 어쨌든 당시 많은 이들은 새로운 커피 음료를 마시기 위해, 그리고 17세기 사람들이

커피하우스에서 느꼈을 자유와 계몽의 정신을 경험하기 위해 에스프레소 바를 찾았다.

수십년이 흐르며 에스프레소 바에 대한 배척과 거부 반응은 잦아들었고, 유럽대륙의 문화가 고급 문화라는 인식이 퍼지면서 에스프레소 또한 자연스럽게 받아들여졌다. 에스프레소 머신은 현대성의 상징이 되었으며, 지금까지도 문화와 교양의 척도로 여겨지고 있다.

그러나 진정한 의미의 에스프레소 바, 즉 자리에 앉을 것도 없이 1분 내에 주문하고 마시고 계산하는 형태의 에스프레소 바는 이탈리아 외의 국가에서는 큰 인기를 끌지 못했다. 이탈리아 밖으로 나간 에스프레소 바는 노동자, 기업 임원, 우아한 상류층 여성 등 소비자들의 욕구에 따라 다양한 형태의 카페로 진화해갔다. 그 결과 지난 20년간 이탈리아식 에스프레소 바 문화는 점점 약해지고, 커피 자체보다는 그 외의 것에 중점을 둔 새로운 스타일의 카페 문화가 그 자리를 차지했다.(물론 여전히 많은 카페가 커피의 중요성을 주장하기는 한다.)

프랜차이즈 카페의 등장

미국식 카페 체인점은 1960년대 말 미 서부의 저항적인 문화와 건강식에 대한 높은 관심을 바탕으로 성장해갔고, 이제는 스타벅스를 비롯한 미국식 카페들을 서양뿐 아니라 전세계 도시에서 대부분 찾아볼 수 있게 되었다. '우유와 설탕을 탄 커피'를 파는 이런 카페는 이제 세계 도처에 존재하며, 어디를 가도 똑같은 간판과 인테리어로 각국의 도시를 점점 비슷한 모양으로 바꿔놓고 있다. 미국식 카페가 처음 생겼을 때의 소박하고 저항적인 문화를 떠올려보면 현재의 모습은 꽤나 역설적이다.

전통적으로 차를 즐기는 중국 도시의 뒷골목까지 스타벅스가 들어섰다.

프랜차이즈 카페는 어떻게 이렇게 엄청난 성공을 거둘 수 있었을까? 그 대대적인 성공 뒤에는 높은 인기가 있다. 많은 사람들이 이러한 카페의 보급을 긍정적으로 보았다는 말이다. 프랜차이즈 카페는 많은 사람들에게 직장과 가정 사이에 존재하는 '제3의 장소'로, 언제 어디서든 변함없이 편안하게 찾을 수 있는 공간으로 기능하고 있다. 프랜차이즈 카페에 개성이 부족한 건 사실이지만, 이들은 카페라는 공간이 커피를 즐기는 장소인 동시에 고급 문화를 즐기는 장소가 되어야 한다는 것을 정확히 알고 있으며, 그 둘 사이에서 조화를 찾기 위해 애쓰고 있다.

그런 의미에서 오늘날의 프랜차이즈 카페는 17세기의 커피하우스와 닮아 있다. 우리가 노트북과 무선 인터넷으로 스타벅스에서 누릴 수 있는 것들을 떠올려 보자. 우리는 카페에 앉아 온갖 종류의 토론에 참여할 수 있고, 무한한 창작공간을 누릴 수 있으며, 과학과 예술 연구를 위한 각종 도구를 활용하거나, 미디어 도서관의 콘텐츠와 최신 뉴스를 즐길 수 있다. 이 과정에서 커피는 부수적인 것이 된다. 한때 자랑스럽게 '스타벅스 커피(Starbucks Coffee)'라는 문구를 넣었던 스타벅스의 로고에서 이제 커피라는 단어가 사라진 것만 보아도 커피 자체보다는 카페 문화가 더 중시된 변화를 뚜렷하게 느낄 수 있다.

똑똑해진 카페, 더 똑똑해진 소비자

　오늘날 우리가 카페에서 커피를 주문하는 방식을 보면 지난 20년간 소비자들의 안목과 취향이 눈에 띄게 발전했다는 것을 알 수 있다. 프랜차이즈 커피전문점에서 제공하는 옵션은 실로 다양하다. 일단 음료 종류만 해도 6가지는 되며, 우유는 4종류, 에스프레소 사이즈도 2~3개는 된다. 거기에 첨가할 수 있는 시럽과 향미료 5~6개에 음료 사이즈도 3가지는 된다. 이런 옵션을 조합해 만들 수 있는 음료의 가짓수는? 1,000가지가 넘는다. 프랜차이즈 카페들은 이 어마어마한 조합을 보기 쉬운 메뉴로 추려 소비자가 원하는 음료를 눈 깜짝할 새에 만들어낸다.

　카페들이 복잡한 음료를 척척 만들어내는 것도 놀랍지만, 그 많은 조합 중에서 자기가 원하는 것을 정확하게 주문하는 소비자들의 능력도 놀랍다. 사람들은 대부분 카페에 가기도 전에 마실 음료를 결정하고, 잠시 고민하던 사람도 금세 원하는 옵션을 조합해 음료를 주문한다.

　세계적인 프랜차이즈 카페들은 다양한 선택의 폭을 자랑스럽게 내세우고 있지만, 이른바 힙스터(대중의 유행에 따르지 않고 자기만의 세련된 취향을 추구하는 부류)들이 아지트 삼아 모여드는 카페에서는 새로운 움직임이 일고 있다. 바로 최고의 커피를 위해 오히려 고객의 선택을 제한하는 것이다. 선택을 늘리기보다는 최소화하려는 이런 카페에서 우리는 다시 한 번 커피가 주류문화에 대한 반항과 만나는 것을 볼 수 있다.

　이러한 카페에서는 커피의 품질과 그에 대한 해박하고 전문적인 지식, 정확한 제조를 가장 중요하게 생각하고, 그만큼 완벽한 커피를 추구한다.(일부 카페는 여기에만 너무 집착한 나머지 서비스는 뒷전인 경우도 있다.) 대부분 자기네 커피에 대한 자부심이 높기 때문에 원산지와 정제 방식에 따른 로스팅법에서 추출법까지 고객에게 정해주다시피 한다. 이러한 카페를 찾는 고객들은 바리스타의 전문성을 신뢰하는 경향이 있어서, 카페가 고객에게 더 큰 영향력을 발휘하게 된다. 카페인이 필요할 때 가볍게 마시는 음료, 혹은 개성을 표현하는 음료였던 커피는 이렇게 또 한 번 진화해 마치 최고급 와인이나 스테이크처럼 미묘하고 섬세한 맛을 즐기는 음료가 되었고, 그만큼 귀한 음료가 되었다.

앞으로 카페가 또 어떻게 진화할지는 알 수 없지만, 확실한 것은 대형 체인점들이 커피의 생산이력을 중시하고 커피 제조 기술이 뛰어난 소규모 독립 카페로부터 점점 더 영향을 많이 받고 있다는 것이다. 이는 분명 직원 교육과 커피 품질 개선으로 이어질 것이고, 소비자들도 이것을 반길 것이다.

체이스 앤 샌번 커피(Chase & Sanborn Coffee) 광고에서도 알 수 있듯이 20세기 중반의 커피 소비자들은 커피에 대해 해박한 지식을 지니고 있었다.

In cool, dewy shade—under an awning of taller trees—these fine coffee beans in their gay red jackets slowly store up the rich "shade-grown" flavor that America loves in Chase & Sanborn Coffee.

"Shade-Grown" Flavor

CHASE & SANBORN COFFEE

EXPLAINS WHY MORE PEOPLE HAVE BEEN USING CHASE & SANBORN COFFEE IN THE PAST YEAR THAN EVER BEFORE!

IN coffee, "shade-grown" means *slow*-grown. It means *mellow*-grown. It means *flavor*-grown.

Shade allows the good earth of the tropics to work slowly and completely in creating this heavenly flavor.

This is the "shade-grown" flavor that adds so much to the Chase & Sanborn blend. No wonder Chase & Sanborn tastes so mellow...so smooth...so rich!

No wonder more people have been using Chase & Sanborn Coffee in the past year than ever before!

No wonder that each day hundreds of families fall in love with Chase & Sanborn's "shade-grown" flavor!

에스프레소 마티니
Espresso Martini

재료 (1잔)

- 갓 추출한 에스프레소 30ml
- 보드카 50ml
  (개인적으로는 크리미한 맛이 훌륭한 감자 보드카를 선호한다.)
- 설탕 시럽 10ml
  (설탕 시럽 제조법 : 물과 설탕을 2:1의 비율로 섞어 설탕 결정이 사라질 때까지 가열한다.)

얼음을 채운 칵테일 셰이커에 모든 재료를 넣고 최소 10초 동안 흔들어 섞는다. 얼음을 걸러내고 마티니 잔에 따른다.

참고 : 표면의 거품은 에스프레소 안의 이산화탄소가 설탕과 멜라노이딘을 만나 섞이면서 형성된 기프가 안정화된 것이다.

마티니는 칵테일계의 에스프레소다. 겉모습은 전혀 화려하지 않지만 안에는 놀랍도록 농축된 맛을 숨기고 있으며, 강력한 각성효과와 함께 엄청난 맛의 즐거움을 안겨준다. 인간의 심신에 이렇게 큰 영향력을 행사하는 에스프레소와 마티니라는 두 영웅이 힘을 합쳐 환상적인 술자리를 위한 음료로 탄생하게 된 것은 어찌 보면 당연한 일이다.

에스프레소와 마티니의 극적인 첫 만남은 1980년대에 성사되었다. 당시 런던의 전설적인 바텐더 딕 브래드셀(Dick Bradsell)이 소호 브라세리(Soho Brasserie)에서 일하던 중 한 여성 고객을 위해 보드카와 에스프레소로 칵테일을 만든 것이 처음이다. 처음 붙인 이름은 '보드카 에스프레소'였다. 그 후 칵테일 개발이 활발하던 1980년대의 분위기에 따라 이런저런 시도가 잇따랐고, 결국 마티니 잔에 담아 제공하게 되면서 이름도 '에스프레소 마티니'가 되었다.

일부에서는 에스프레소 마티니에 티아 마리아(Tia Maria)나 깔루아(Kahlúa) 같은 커피 리큐어를 넣어 '각성제(Pharmaceutical Stimulant)'라는 이름의 칵테일을 만들기도 한다. 필자가 생각하기에 커피 리큐어의 맛은 전혀 어울리지 않거니와, 이미 에스프레소와 보드카, 설탕이 섞이면서 리큐어와 비슷한 맛이 형성되므로 불필요한 측면도 있다. 게다가 시중에서 판매하는 리큐어의 풍미는 그다지 훌륭하지 않다. 그러니 만약 꼭 넣고 싶다면 직접 만들어서 넣어보는 건 어떨까? 원래의 레시피에 변형을 주고 싶다면 보드카 대신 숙성된 아가베 테킬라나 럼을 사용해도 좋다. 럼 중에는 과테말라 럼이 특히 잘 어울린다. 럼을 사용하는 경우에는 럼의 단맛을 고려해 설탕을 조금 덜 넣는 것이 좋다.

원두는 가능한 한 라이트로스팅한 것이 좋다. 필자는 베리 향이 상큼한 케냐 커피를 애용한다.

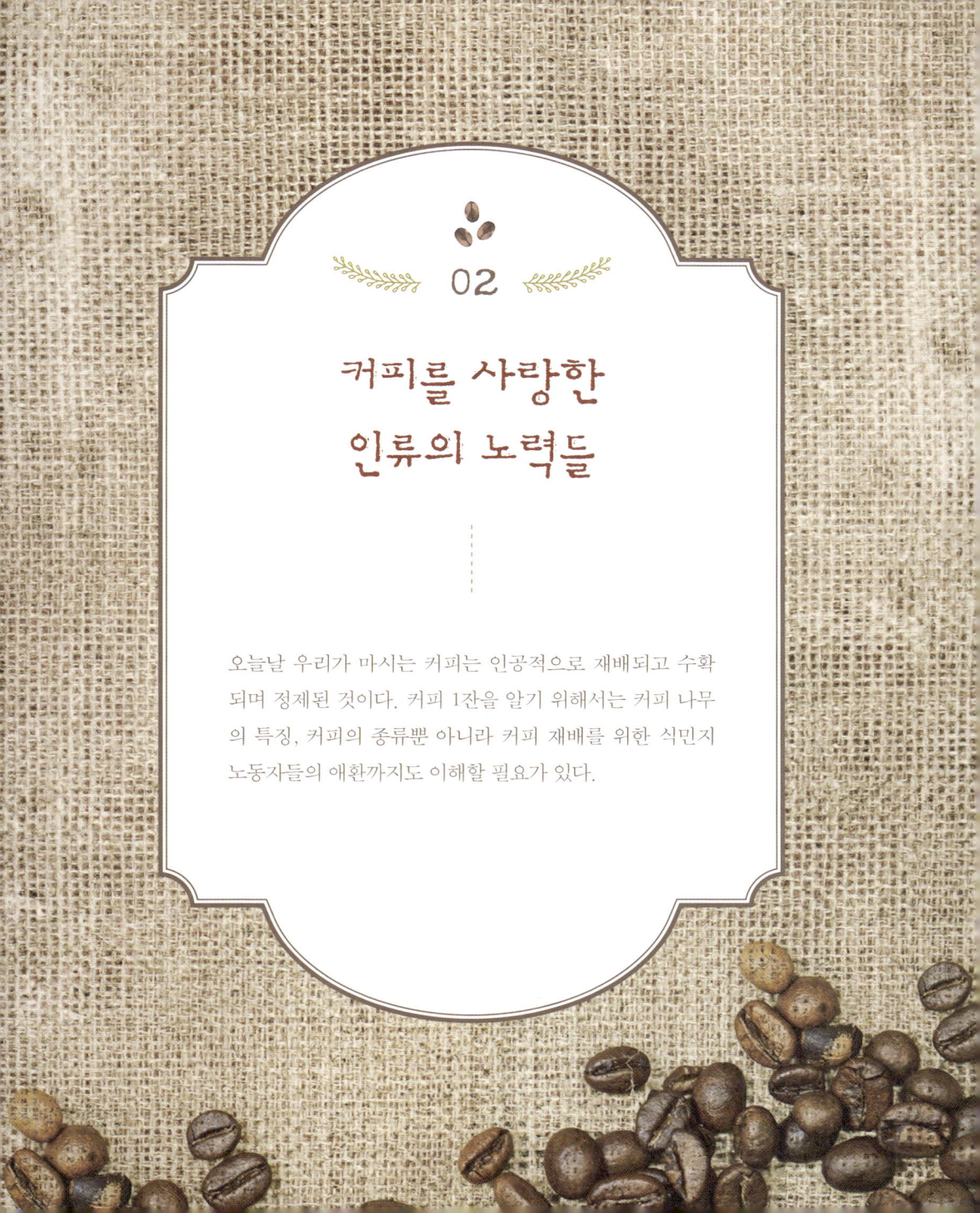

02

커피를 사랑한 인류의 노력들

오늘날 우리가 마시는 커피는 인공적으로 재배되고 수확되며 정제된 것이다. 커피 1잔을 알기 위해서는 커피 나무의 특징, 커피의 종류뿐 아니라 커피 재배를 위한 식민지 노동자들의 애환까지도 이해할 필요가 있다.

커피,
씨앗부터 열매가 되기까지

우리가 만나는 커피의 시작은 씨앗부터다.
씨앗이 다르면 다른 품종의 커피가 만들어진다. 서로 다른
품종을 교배해 새로운 커피가 만들어지기도 한다.

전세계인의 커피를 책임지는 아라비카와 로부스타

커피는 나무에서 열린다. 커피나무는 꼭두서니(Rubiaceae)과 식물이며, 구체적으로는 코페아(Coffea)속이다. 코페아속 식물 중 커피 생산을 위해 경작되는 종은 주로 두 종이다.

Barista's Tip

코페아속에는 소형 관목에서부터 키가 18미터에 이르는 대형종까지 120여 종의 식물이 속해 있다. 코페아속 식물은 북회귀선과 남회귀선 일대 여러 지역에서 자생하며, 지금도 계속해서 새로운 종이 발견되고 있다.

- 코페아 아라비카(Coffea Arabica) : 아라비카종
- 코페아 카네포라(Coffea Canephora) : 흔히 로부스타종으로 알려져 있다.

상업 재배 커피 중 70%가량은 아라비카종으로, 연 생산량이 700만 톤에 달한다. 나머지 30%에 해당되는 로부스타종은 인도, 인도네시아(자바섬과 수마

트라섬), 베트남에서 주로 재배된다. 베트남은 브라질에 이어 세계 2위의 커피 생산국이며, 전세계 로부스타 커피 생산량의 절반가량을 책임지고 있다. 필리핀을 비롯한 일부 국가에서는 내수용으로 코페아 리베리카(Coffea Liberica)를 소량 생산하기도 한다.

로부스타종은 이름(로부스타는 '강하다' 는 뜻이다)에서도 알 수 있듯 병충해에 강한 편인데, 이는 카페인 함량이 높아서 해충에 대한 저항성이 뛰어나기 때문이다. 로부스타종은 재배면적당 수확량도 더 높으며, 열매가 익어도 땅에 떨어지지 않고 가지에 붙어 있어서 수확 방식 또한 아라비카종에 비해 덜 까다롭다. 아라비카종은 여문 열매가 떨어지기 전에 재빨리 수확해야 한다.

로부스타 원두는 작고 둥근 편이며(아라비카 원두는 길쭉한 모양이다), 맛이 강한 대신 풍미가 떨어지는 면이 있다. 이탈리아에서는 에스프레소 블렌드에 로부스타 원두를 섞는데, 크레마가 풍부하고 카페인 함량도 높은 강렬한 에스프레소 샷을 뽑아낼 수 있기 때문이다.

코페아 아라비카종의 열매와 꽃, 씨앗을 그린 19세기 판화

아라비카종의 장점은 무엇일까? 두말할 것 없이 깊은 풍미다. 아라비카는 로부스타에 비해 섬세하고 미묘한 맛을 선사한다. 아라비카종에 속하는 다양한 품종들은 외형적으로도, 커피의 스타일에 있어서도 각각 개성이 뚜렷하고 독특하다. 대부분의 품종은 돌연변이를 통해 등장하

거나 아라비카종의 두 대부라고 할 수 있는 타이피카종과 버번종의 교배로 태어났다.

변종의 출현, 매력적인 커피의 탄생!

커피 품종은 자연적인 변이를 거쳐 만들어지기도 하고, 인위적인 교배나 선발을 통해 탄생하기도 한다. 아라비카종은 자가수분을 하기 때문에 원칙적으로는 원형이 그대로 유지되어야 하지만, 여러 나라로 전파되어 다양한 기후에 노출되면서 자연적으로 돌연변이가 발생했고, 이렇게 등장한 여러 변종들이 재배되어 각자의 매력적인 특성을 갖추게 되었다.

로부스타종이 전파된 이야기 또한 아라비카와 별반 다르지 않다.(단, 로부스타종이 학계에 처음으로 보고된 것은 1895년으로, 1753년에 등록된 아라비카보다 늦다.) 로부스타의 원산지는 서아프리카 지역이며, 자바섬을 거쳐 세계로 전파되었다. 아라비카와 마찬가지로 로부스타종 내에도 다양한 품종이 존재하지만, 안타깝게도 대부분 풍미 면에 있어서는 크게 기대할 것이 없다. 앞으로 등장하는 내용에서 커피는 주로 아라비카종 커피를 의미하며, 로부스타인 경우에는 별도로 언급하겠다.

커피나무의 삶

커피나무는 대부분 남회귀선과 북회귀선 사이의 지역에서 자란다. 아라비카종 나무는 파종 후 3~5년이 지나면 꽃을 피우고, 꽃이 진 후 곧 열매가 맺힌다. 열매가 익는 데 걸리는 기간은 9~11개월이다. 다 익은 열매는 밝은 선홍

익어가는 커피 열매

커피 열매 속의 생두

빛을 띠지만 종에 따라 노란색이나 주황색으로 익기도 한다.

　커피나무는 습하고 축축한 기후와 그늘진 환경을 좋아하며, 아라비카는 특히 바람과 고온에 민감하다. 이러한 이유로 아라비카는 로부스타보다 높은 지대에서 재배하는 경우가 많다. 아라비카 재배에 적합한 고도는 1,000~2,000미터이며, 이보다 높은 고도에서는 서리 피해를 입을 위험이 크다. 일부 로부스타와 아라비카 나무는 가만히 두면 몇 미터 높이까지 자라므로, 수확을 용이하게 하려면 가지치기를 해서 적당한 높이를 유지하는 것이 좋다.

　커피 꽃은 한꺼번에 확 피고 지는 게 아니라 드문드문 시차를 두고 피기 때문에 한 가지에 익은 열매와 안 익은 열매가 같이 달려 있게 된다. 커피를 기계로 수확하면 안 익은 열매까지 한꺼번에 따게 되므로 대부분 기계를 사용하지 않는다. 게다가 커피 농가가 부담하기에 기계 값이 비싸기도 하고, 대부분의 농장이 경사가 심한 곳에 위치해 기계 작동이 쉽지 않기 때문에 커피 농사는 그야말로 손이 많이 가는 노동집약적인 산업으로 남아 있다.

커피 열매를 따는 법, 기계 수확 vs 손 수확

물론 예외는 있다. 바로 브라질이다.(브라질의 커피 생산량을 생각하면 아주 규모가 큰 예외라고 볼 수도 있겠다.) 브라질은 기계로 열매를 수확해서 과숙두와 미숙두까지 한꺼번에 따버리거나, 커피나무를 흔들어 땅에 떨어지는 열매를 모으는 방식을 사용한다. 이러한 수확 방식은 커피의 질보다는 양을 중시하기 때

브라질에 위치한 대규모 커피농장의 기계 수확 모습

문이며, 이는 브라질 커피에 오명을 안겨주기도 했다. 100년 전 브라질은 세계 커피의 4분의 3을 생산했고, 현재는 세계 커피의 3분의 1가량을 생산하고 있다.(30만 개 농장에서 커피나무 400만 그루) 세계 커피 생산량에서 차지하는 비율은 줄었지만 여전히 어마어마한 양이다.

손으로 일일이 수확하는 손 수확(Hand Picking)에도 문제는 있다. 일부 농장에서는 일단 모조리 딴 다음 나중에 분류하기도 하고, 인부들이 돈을 더 받기 위해서 일부러 덜 익은 열매까지 따기도 한다. 최상의 원두를 생산하기 위해 농장과 직접 소통하고 거래하는 로스팅업체가 점차 증가하면서 미숙두 수확 문제는 조금씩 개선되고 있다. 잘 익은 열매를 수확해야 더 좋은 커피를 만들 수 있다는 사실을 바리스타들도 잘 알기 때문이다. 최근에는 성숙한 체리(Cherry)만 잘 선별해 수확한 인부에게 따로 보상을 제공하는 경우도 있다.

Barista's Tip
커피나무에서 열리는 열매를 커피 체리라고 부르기도 한다. 이 체리 속의 생두를 로스팅하면 원두가 된다.

적절한 기후에서 잘 관리한 아라비카 나무 1그루가 한 철에 생산할 수 있는 성숙한 열매는 3~5kg 정도다. 잘 익은 열매 5kg으로는 로스팅한 원두 1kg, 에스프레소 110잔을 만들 수 있다. 커피 수확 인부의 인건비는 나라마다 다르다. 중미를 기준으로 생각해보면, 하루에 100kg을 수확하는 능숙한 인부의 일당은 10달러가량이다. 계산해보자면 에스프레소 1잔분의 커피 열매를 수확하는

이 묘목은 적어도 3년 후에나 꽃을 피우고 열매를 맺을 수 있다.

데 약 0.5센트도 못 받는 셈이다. 이보다 덜 받는 인부도 부지기수다.

수확한 커피 체리는 우선 모두 선별용 기계에 들어간다. 이 과정을 거치면 검게 변한 과숙두는 위로 둥둥 뜨고 녹색의 미숙두는 작은 구멍 아래로 떨어져, 잘 익은 붉은색 체리만 기계에 남게 된다. 덜 익은 열매는 따로 건조대 등에서 성숙시켜 건조한 후 정제한다. 붉은색 열매는 외피와 과육을 제거하는 펄핑(Pulping) 과정을 거쳐 정제되며, 이미 건조된 체리는 바로 정제한다.

커피를 좋아하는 병충해는 뭐가 있을까?

먼저 커피녹병(Coffee Leaf Rust)이 있다. 커피녹병은 헤밀레이아 바스타트릭스(Hemileia Vastatrix)라는 곰팡이균에 의해 발생하는 병으로, 모든 코페아 품종이 이 병에 걸릴 수 있다. 커피녹병에 걸리면 잎이 검게 변하는데, 시간이 지나면 나무는 잎을 거의 다 잃게 된다. 커피녹병은 1861년 케냐에서 처음 발견된 후 몇 해 만에 스리랑카(당시의 실론)까지 퍼져나갔으며, 스리랑카의 커피 산업을 그야말로 초토화시켰다.

커피녹병은 커피 재배에서 여전히 큰 문제로 남아 있다. 기후변화로 인한 온도와 습도의 상승으로 커피녹병 문제가 더욱 심각해지고 있으며, 이는 커피 농가의 생계뿐 아니라

커피녹병은 커피 농가의 생계뿐 아니라 한 국가의 경제에도 치명적인 영향을 미칠 수 있다.

국가의 경제적 안정까지 흔들어놓기도 한다. 실제로 2013년 온두라스와 엘살바도르, 과테말라는 커피녹병의 대유행으로 국가비상사태를 선포했으며, 일부 국가에서는 커피나무의 70%가량이 이 병에 감염되기도 했다. 2014년에도 커피녹병의 기세는 수그러들지 않았으며 니카라과가 큰 타격을 입었다.

또 다른 커피나무 병충해는 커피 열매 천공충(Coffee Borer Beetle)이다. 커피 열매 천공충은 커피 바구미, 혹은 고르고호 델 카페(Gorgojo del café, 커피 바구미라는 뜻의 스페인어)라는 명칭으로 알려져 있으며, 커피의 가장 큰 천적 중 하나다. 커피 열매에 함유된 카페인 때문에 해충들은 대부분 커피를 피하는데, 이상하게도 천공충은 카페인의 영향을 받지 않는다. 암컷은 커피나무 주변을 날아다니다 열매에 구멍을 뚫고 알을 낳으며, 수컷은 기다리다 알을 수정시킨다. 시간이 지나면 열매 속에 생성된 작은 알집에서 유충이 부화한다. 방제하지 않고 둘 경우 천공충은 전체 수확량에 치명적인 영향을 미칠 수 있다. 일각에서는 이로 인한 세계적 손실을 연간 5억 달러(약 5,000억 원) 이상으로 추정하기도 한다.

빨간 열매 속 생두의 변신

정제 방식은 지역과 농장별로 다른데, 단순히
관습에 따른 차이도 있고 경제적 여건에서 오는 차이도 있다.
대부분 커피농장이 자체적으로 가공하는데, 현지에서 어떤 정제 방식을
택하는지에 따라 커피의 풍미가 달라진다. 그리고 이때 차이가
뚜렷한 특징적인 커피가 탄생하기도 한다.

좋은 커피의 첫째 조건은 잘 익은 열매를 고르는 것

수확한 커피 열매가 어떻게 가공되고 정제되는지에 따라 원두의 질과 방향이 결정된다. 커피 정제는 좁은 의미로는 '습식 가공(Wet Milling, 커피 열매의 껍질과 과육을 제거하는 단계)'을 뜻하지만, 넓게는 커피 수확에서부터 '건식 가공(Dry Milling, 습식 가공을 거친 열매에서 내과피를 벗기고 선별하는 단계)' 이후 포장 작업까지를 아우르기도 한다.

Barista's Tip
내과피는 열매의 껍질 중 가장 안쪽 층을 의미한다. 커피의 내과피를 파치먼트(Parchment)라고 부른다.

수확한 커피 열매를 물에 넣으면 덜 익은 열매와 너무 익은 열매는 (나뭇잎이나 나뭇가지와 함께) 물 위로 떠오른다. 바닥에 가라앉은 잘 익은 체리와 조금 덜 익은 체리만 따로 빼낸다. 사실 수확 시에 아무리 주의해도 미숙하거나 과숙한 열매가 조금 섞이는 것은 어쩔 수 없다. 하지만 완벽하게 익은 커피 열매 속의 풍부한 자당이 맛있는 단맛을 결

정하기 때문에 지나치게 덜 익거나 더 익은 체리가 섞이면 생두의 질 자체가 떨어지게 되어 아무리 훌륭한 로스팅을 거쳐도 맛을 살리기 어렵다.

껍질을 벗기고 커피의 모습을 만드는 정제 작업

최고급 스페셜티 커피로 쓰일 체리든 값싼 인스턴트 커피로 쓰일 체리든, 모든 커피는 수확 후에 껍질을 제거하고 과육과 점액질을 제거하는 정제 과정을 거쳐야 한다. 정제 방식은 크게 내추럴(Natural)과 워시드(Washed)로 나누는데, 국가나 지역에 따라 선호하는 방식이 다르다. 두 방식의 혼합인 펄프드 내추럴(Pulped Natural) 방식을 사용하는 곳도 있다.

내추럴 정제 방식

내추럴 정제는 인간의 간섭을 최소화한, 말 그대로 자연적인 정제 방식이기 때문에 거칠고 묵직한 원두를 만들어주지만 자칫하면 역한 맛을 낼 수도 있다. 쉽게 말하면 그냥 공기 중에서 커피 열매를 건조시키는 것이다. 농장에서는 수확한 커피 열매를 평편한 바닥이나 건조대 위에 펼쳐놓고 말리는데, 이때 덜 익은 열매를 같이 널어 익히기도 한다. 건조 후 까맣게 쪼글쪼글해진 껍질을 제거하면 생두 상태가 된다. 브라질에서는 대부분의 농가가 내추럴 정제를 하는데, 이는 생산량을 늘리기 위해 일단 열매를 모두 수확한 후 나중에 선별하는 방식을 선호해온 것과 관련이 깊다.

예외는 있겠지만, 내추럴 정제된 커피는 일관성이 떨어질 수밖에 없기 때문에 맛을 진하게 살리는 것이 어렵다. 이런 이유로 일부 로스터는 내추럴 정제된 생두를 피하기도 한다. 그러나 섬세함이 다소 부족하더라도 워낙 묵중

한 맛이 나는 장점이 있어서 실제로 내추럴 정제된 커피가 고급 에스프레소 블렌드에서 조연 역할을 톡톡히 해내는 경우도 더러 있다.

워시드 정제 방식

워시드 정제는 열매를 수확한 후 (거대한 블렌더처럼 생긴) 기계에 넣거나 강한 수압으로 물을 분사해 커피 열매의 외피와 과육을 제거하는 방법이다. 이 과정을 펄핑(Pulping)이라고 한다. 펄핑을 마치면 과육 안에 있던 생두가 드러난다. 굳이 손으로 펄핑 작업을 해보겠다는 사람이 있다면 말리지는 않겠지만, 속도가 더딜뿐더러 손만 더러워지고 별 보람도 없다.

펄핑은 외피와 부드러운 과육까지만 제거하므로 그다음 작업으로는 생두를 가까이에서 싸고 있는 파치먼트(내과피)를 덮은 점액질을 제거해야 한다. 점액질에 덮인 파치먼트 상태의 커피를 발효탱크에 넣으면 효소가 활동해서 점액질을 녹인다. 발효에 필요한 시간은 기온이나 커피의 양 등 다양한 요소에 따라 달라지지만, 어느 정도 경험이 쌓이면 표면을 만져보는 것으로 완료 여부를 판단할 수 있다.

발효에는 점액질 제거 외에 또 다른 목적이 있다. 바로 풍미를 만드는 것이다. 워시드 정제로 적절한 발효 과정을 거친 커피는 내추럴 정제로는 절대 따라올 수 없는 산뜻한 산미를 지니게 된다. 발효 후에는 군데군데 남아 있는 점액질을 다시 씻어내고 건조대나 콘크리트 바닥에 널어 1주일가량 말린다.

워시드 정제에 대해서는 긍정적인 평가가 많지만, 그렇다고 이러한 정제 방식이 무조건 커피의 질을 보장하는 것은 아니다. 특히 발효 과정은 커피 열매나 물 속에 자연적으로 존재하는 미생물에 전적으로 의존해야 하기 때문에 결과를 예측하기가 어렵다.

멕시코 커피농장에서 사용하는 전형적인 펄핑 기계. 펄핑 기계는 커피 열매를 쪼개 외피와 과육을 벗겨낸다.

워시드 정제 방식에서는 커피 열매의 외피와 과육을 제거하는 펄핑 작업 후 발효하고 세척한다.

커피 농가들의 정제 방식은 경제적 요인에 많이 좌우된다. 워시드 정제는 품질은 보존하지만 배수시설과 전문 장비가 필요하다. 그래서인지 로부스타 커피는 내추럴 정제하는 경우가 많다. 어차피 아라비카에 비해 품질이 떨어지니 굳이 돈을 낭비할 필요가 없다는 인식 때문인 듯하다.

펄프드 내추럴 정제 방식

펄프드 내추럴 정제 방식은 세미 워시드(Semi-Washed), 세미 라바도(Semi-Lavado, 라바도는 '세정, 세척'을 의미하는 스페인어), 혹은 허니 프로세싱(Honey Processing)이라는 예쁜 이름으로 불린다. 지역에 따라 명칭과 세부적인 방식이 조금씩 다르지만, 내추럴과 워시드의 조합이라는 점에서 기본적으로 비슷하다.

펄프드 내추럴 방식은 내추럴 정제의 장점인 경제성과 워시드 정제의 장점인 짧은 정제 시간을 모두 누릴 수 있다. 이 방식으로 생산된 커피의 맛 또한 워시드 정제만 거친 커피에 비해서는 바디감이 있고, 내추럴 정제만 거친 커피에 비해서는 깔끔하고 산뜻하다.

펄프드 내추럴 방식은 워시드 방식과 마찬가지로 우선 펄핑 작업을 통해 커피 체리의 외피와 과육을 제거한다. 펄핑 후 워시드 방식에서는 파치먼트에 붙은 점액질을 제거하기 위해 발효탱크로 보내지만, 펄프드 내추럴 방식은 바로 자연건조 단계로 넘어간다. 점액질이 기계의 뜨거운 표면에 달라붙기 때문에 기계로 건조시키는 것은 불가능하다. 건조는 망을 씌운 건조대 혹은 넓은 건조장에 펼쳐놓은 상태로 1~2주간 이루어지며, 중간중간 건조를 돕기 위해 갈퀴질을 해서 섞어준다.

일부에서는 점액질을 일부나 전부 제거한 후 건조하는 경우도 있는데, 이렇게 하면 생두의 색상이 더 밝은 빛을 띠며 커피의 맛 또한 워시드 정제 커피와 더욱 비슷해진다. 점액질 제거 기계는 과육 제거 기계의 확장판이라고도 볼 수 있으며, 강한 마찰이나 수압으로 외피와 과육, 점액질을 모두 제거한다.

이때 남기는 점액질의 양에 따라 나중에 나오는 원두의 특징이 달라진다. 내추럴 정제에 가까워질지 워시드 정제에 가까워질지 결정되는 것이다. 남기는 점액질의 양에 따라 '블랙', '레드', '옐로우' 등으로 구분한다. '블랙 허니'는 점액질을 거의 제거하지 않은 상태로 건조에 들어가며, '레드 허니'는 일부만 제거하고, '옐로우'는 거의 다 제거한다. 가공을 마친 블랙 허니는 검은빛을, 레드 허니는 붉은빛을 띠게 되므로 생두 샘플을 유심히 살펴보면 점액질을 어느 정도 긁어냈는지 대략 짐작할 수 있다.

맛, 품질과 상관없이 모든 커피는 건조된다

앞서 설명한 바와 같이 커피 정제에는 여러 가지 방식이 있지만, 모든 정제 방식에서 공통적으로 반드시 거쳐야 하는 과정이 있다. 바로 건조다. 건조 전 생두의 수분은 40%가량인데 건조를 통해 10~12%까지 말려야 한다. 축축하고 따뜻한 생두 더미에서 곰팡이나 박테리아가 자랄 수 있으므로 주기적으로 생두를 뒤집어주고 통풍, 온도, 습도, 빛 등 모든 것에 주의를 기울여야 한다.

건조장은 가장 단순하고 저렴하며 오래된 방식을 따른다. 건조장에 5~6cm 두께로 커피를 펼쳐놓고 고른 통기와 일조를 위해 매 시간마다 갈퀴로 뒤집어준다. 아프리

오랜 자연건조 과정을 마친 후의 커피 열매. 겉껍질이 딱딱해진 것을 볼 수 있다.

칸 베드(African Bed)라는 명칭으로도 알려진 건조대 또한 점점 더 널리 쓰이고 있다. 아프리칸 베드는 나무로 기둥과 뼈대를 만들고 그 위에 얇은 그물망을 놓아 만드는데, 가장 큰 장점은 바로 통기성이다. 바닥과 떨어져 있어 공기가 더 잘 통하기 때문에 건조장 바닥에 널어놓고 말릴 때처럼 자주 뒤집어주지 않아도 된다.

아프리카 등 더운 지역에서는 한낮의 태양이 워낙 세기 때문에 그 영향을 조절하기 위해 다양한 방법을 고안할 수밖에 없다. 이러한 지역에서는 생두를 그늘에서 한 번 말린 후 햇빛에 건조하며, 수분이 너무 많이 증발되는 것을 막기 위해 생두를 수북이 쌓아놓는다. 뒤로 갈수록 수분이 느리게 증발해야 커피의 질이 좋아진다는 것이 일반적인 견해다.

기계로도 건조할 수 있다. 기계를 활용해 건조하면 자연건조를 하는 것보다 품질을 일정하게 유지할 수 있어서, 날씨가 변덕스러운 지역에서는 이 점이 매력적으로 다가올 수밖에 없다. 게다가 12~24시간이면 건조가 완료되므로 시간 또한 크게 절약할 수 있다. 그러나 문제는 역시 비용이다. 대부분의

에티오피아 이르가체페(흔히 예가체프라고 부른다) 지역의 커피농장. 인부들이 아프리칸 베드에 커피를 말리고 있다.

커피농장은 건조기를 구매하는 것보다 시간이 좀 들더라도 저렴한 노동력을 활용하는 편이 훨씬 경제적이라고 판단한다.

　건조가 끝난 커피콩은 얇은 파치먼트에 싸여 있는 상태다. 파치먼트는 심한 온도나 습도 변화가 있지 않는 한 외부로부터 생두를 보호해준다. 파치먼트를 제거하지 않은 채로 몇 주 정도 휴지기를 갖는 게 일반적인데, 최대 3달을 넘기지 않는다. 하지만 여기에도 예외는 있어서, 인도네시아에서는 커피 열매의 건조가 완료되기 전에 파치먼트를 제거한다. 파치먼트를 벗긴 녹색의 생두를 10~12일 정도 잘 말려주면 묵직하면서도 토양의 맛이 느껴지는 커피가 탄생하는데, 이러한 정제와 건조 방식을 '수마트라식'이라고 부른다.

쌓이는 커피 껍질, 어떻게 쓰일까

　그렇다면 정제 후에 남는 것들은 어떻게 될까? 커피 열매에서 커피콩이 차지하는 중량이 20% 내외이므로 정제 후에 버려지는 부분이 무척 많으리라고 짐작할 수 있다. 일부 국가에서는 과육을 비료로 재활용하기도 하지만, 워시드 정제에서 발생하는 어마어마한 폐수와 커피 점액질로 인한 오염이 전세계적으로 문제가 되고 있다.

　일부 생산자들은 커피 열매의 과육을 말려 차로 우려내 마시는 카스카라(Cascara)를 만들기도 한다. 카스카라는 말린 크랜베리와 비슷한데 카페인이 함유되어 있어 조금 더 강한 느낌을 주며, 맛은 들장미 열매 차와 유사하다.

버터커피
Butter Coffee

재료 (2잔)

- 블랙커피 300ml
  (내추럴 정제 방식으로 가공한 커피나 흙 향과 초콜릿 향을 내는 커피를 사용하면 좋다.)
- 대두 레시틴 1.5g
- 버터 30g
  (목초우 우유로 만든 제품)

준비한 커피의 3분의 1 분량에 대두 레시틴을 넣고 핸드믹서기로 잘 젓는다. 핸드믹서기가 없으면 믹싱볼에서 거품기로 섞어도 무방하다. 20초 동안 빠르게 젓고 버터를 넣은 후 다시 20초 동안 젓는다. 계속 저으면서 남은 커피를 천천히 붓고 다시 20초 더 젓는다. 취향에 따라 설탕 등을 넣어도 좋다.

선진국을 중심으로 많은 사람들이 앞다투어 고탄수화물 식단을 비난하고 나선 가운데, 지방과 단백질을 중심으로 한 식단이 재평가되고 있다. 재평가의 선두에는 한때 악의 근원이라는 오명을 뒤집어쓰고 희생되었던 버터가 있다. 요즘 버터가 다시금 누리고 있는 인기를 보면 커피에 버터를 타 먹어보겠다는 사람이 나온 것도 그리 이상하지 않다. 아침을 먹다가 식탁 위에 나란히 놓인 버터와 커피를 보고 갑자기 섞어보고 싶었는지도 모르는 일이다.

그래도 커피에 버터를 넣자니 꺼림칙한가? 어차피 버터도 우유와 크림으로 만든 것이다. 우리가 아침에 커피를 마시며 아무렇지도 않게 넣는 그 우유와 크림 말이다. 사실 재료만 놓고 보면 버터커피는 유지방을 블랙커피에 섞는, 즉 새로운 카페라테라고 볼 수도 있다.

관심이 생기는가? 하지만 무턱대고 버터를 꺼내러 가기 전에 알아둘 것이 하나 있다. 건강한 소의 우유로 만든 버터일수록 색이 진하다는 것이다.

지방과 물은 잘 섞이지 않으므로 특단의 방법이 필요하다. 버터를 커피에 넣으면 지방과 수분이 분리되며 지방이 위로 떠오른다. 잠시 믹서기에 돌려주면 좀더 안정적으로 혼합할 수 있다.

다른 방법은 버터의 지방과 커피를 연결해 진정한 유화 상태로 만들어줄 대두 레시틴(Soy Lecithin)을 활용하는 것이다. 이렇게 제조한 버터커피는 지방층이 분리되지 않으며 더 부드럽고 입에 착 붙는 질감을 선사한다.

커피에 버터를 넣는 게 싫다면 버터에 커피를 넣어보는 건 어떨까? 듣기에는 이상할지 몰라도, 커피의 볶은 향은 정제버터가 내는 천연의 견과류 풍미를 잘 살려준다. 이렇게 만든 갈색 버터는 역시 갈색인 스테이크나 버거와 잘 어울리며, 토스트에 곁들여도 맛이 그만이다.

레시피는 정말 간단하다. 정제버터 750g과 따뜻한 필터 커피 250ml를 잘 섞은 후 냉장고에서 굳히면 된다. 만든 다음 냉장고에 보관하면 오래 보관할 수 있다.

커피가 우리에게
도착하기까지 겪는 일

커피가 출하 준비를 마치기까지는 아직도 갈 길이 멀다.
건조 후 탈곡, 품질 평가, 결점두 선별, 샘플 작업, 포장 작업을
마쳐야만 무사히 수출길에 오를 수 있다. 이는 농장의 규모, 경제적 여건,
커피 정제 능력, 지역 관습, 지리적 여건, 협동조합 유무,
국가 내 법적 절차 등에 따라 달라진다.

많은 이들의 땀으로 완성되는 커피

대부분의 생산자는 내과피를 벗기지 않은 파치먼트 상태의 커피를 자루에 담아 판매한다. 이 상태에서는 생두의 크기가 들쭉날쭉할뿐더러 자루 안에 깨진 콩에서부터 나뭇가지, 나뭇잎에 이르기까지 불순물이 많이 섞여 있다. 그래서 완벽하게 가공된 생두보다 훨씬 낮은 가격에 거래된다.

농장에서 생산된 커피는 내과피를 제거하고 생두를 선별하는 건식 탈곡 공장, 커피를 수출하는 수출업자, 혹은 중개업자에게 판매된다. 중개업자가 이중으로 끼어드는 경우도 있는데, 이런 업자들을 현지에서는 흔히 '코요테'라고 부른다. 중개업자들은 주로 소규모 농장 근처의 버스정류장에서 생산자들을 기다렸다가 파치먼트 커피를 구입해 탈곡 공장이나 수출업자에게 웃돈을 받고 판매한다. 일부 탈곡 공장은 가공한 제품을 직접 수출하기도 하며, 반

대로 수출업자들이 탈곡 공장을 운영하는 경우도 있다.

일부 대규모 농장에서는 건조 후 생두 선별까지 해 직접 수출업자에게 팔기도 하는데 이는 흔하지 않다. 수출까지 직접 하는 경우는 더욱 드물다. 브라질의 일부 대규모 농장은 건식 탈곡까지만 직접 진행하고 선별 작업은 수출업자에게 맡긴다. 선별 이전의 생두를 브라질에서는 '비카 코리다(Bica Corrida)'라고 부르는데, 이는 재빨리 탈곡한 생두를 포장하는 방식을 빗대 생겨난 표현이다.

중간판매상이 유독 많은 커피 시장

커피가 생산되고 가공되는 거의 모든 단계에 상인이나 브로커가 끼어든다. 상인들은 일단 커피를 일정량 사들여 보관했다가 더 높은 가격에 다른 사람에게 판매한다. 브로커들도 상인들과 비슷한 방식으로 일하지만 커피를 자기가 직접 사들이기보다는 판매자와 구매자를 연결해 주고 일종의 수수료를 받아간다. 이렇게 말하면 상인이나 브로커가 마치 피도 눈물도 없는 장사꾼처럼 보이지만(그리고 실제로 그런 경우도 있지만), 사실 이들의 노고 덕에 품질 좋은 커피와 스페셜티 시장이 연결될 수 있다.

커피를 오랫동안 수확해온 능숙한 일꾼도 실수를 하게 마련이다. 이러한 경우 정제를 시작하기 전에 선별 작업이 필요하다.

파치먼트 상태의 커피가 선별을 마친 생두가 되기까지 중간에 이렇게 거치는 과정이 많으니 커피 생산 농가의 주머니로 들어가는 돈이 지극히 적다는 것도 이해가 된다.

최근에는 많은 스페셜티 커피(Specialty Coffee) 로스터들이 생산력과 투명성을 높이기 위해 직거래를 시작하고 있다. 하지만 직거래라고 해서 유쾌한 농부들이 컨테이너 가득 커피를 채워 보내는 아름다운 그림만 떠올려서는 곤란하다. 직거래에서 중요한 것은 커피농장, 가공업체, 수출업자, 수입업자, 로스팅회사가 머리를 맞대고 지속가능한 사업 모델을 찾아내는 것이다. 물론 그 과정에서 생산자와 로스팅회사가 적절한 가격에 합의하고, 각자가 필요로 하는 서비스에 대해서 별도로 비용을 지불하는 것이 필요하다.

Barista's Tip
스페셜티 커피는 미국 스페셜티커피협회의 규약을 따르는 커피로, 엄격한 기준 덕분에 고급 커피를 의미하기도 한다.

모든 커피는 결국 팔려나간다

파치먼트 커피가 건식 탈곡장에 도착하면 우선 진동을 주어서 섞여 있는 불순물을 제거한다. 그 후 거대한 블렌더처럼 생긴 기계에 넣어 파치먼트를 벗겨내면 드디어 녹색의 생두가 모습을 드러낸다. 껍질을 벗긴 생두는 수작업이나 기계를 활용해 크기, 밀도, 색깔별로 분류하고 등급을 매긴다. 생두의 크기는 64분의 1인치를 한 단위로 표시한다. 예를 들어 폭이 64분의 16인치인 생두는 '사이즈 16'이라고 표시한다. 크기가 너무 작은 생두는 버리거나 현지에서 소비한다.

선별을 마친 후에는 소량의 샘플을 추출해 결점두가 있는지 확인하고, 샘플 로스터로 로스팅해서 맛과 품질을 평가한다. 또한 생두에 커피 열매 천공

여전히 많은 국가에서 수작업으로 생두를 선별하고 등급을 나눈다. 커피의 발상지인 에티오피아 역시 마찬가지다.

충이 뚫어놓았을 수도 있는 작은 구멍이 있는지도 확인한다.

    소규모 커피농장까지 합하면 셀 수 없이 많으므로 일부 수출업자나 바이어들은 하루에도 1,000개가 넘는 생두 샘플을 로스팅하고 분쇄해 커핑하고 평가한다. 품질이 뛰어난 커피는 경매 품목으로 등록되어 시장에 선보이게 되는데, 수급 가능한 물량과 가격에 따라 적게는 수십 kg에서 많게는 수 톤까지 경매에 부쳐진다. 수입업자들은 지역 경매나 COE 경매(Cup of Excellence, 최고의 커피를 선정하는 대회이자 경매 프로그램)에 참가해 고급 커피를 구매하고, 이를 필요로 하는 로스팅업체에 판매한다. 20여 년 전부터는 로스팅업체들이 직접 경매에 참여해 상품을 커핑하고 구매하는 경우도 점점 늘고 있다.

    사실 커피의 품질에 따라 대상이 다를 뿐 구매자는 늘 존재하므로 갈라지고 깨진 묵은 생두에서부터 최상급 스페셜티 커피까지 모든 커피는 결국 팔려 나간다.

커피를 마대자루에 담는 것은 경제성 때문!

생두는 전통적으로 60kg들이 마대자루에 담겨 운송된다. 수출업자들이 마대자루를 선호하는 이유는 간단하다. 저렴하고 재활용이 가능하며 샘플을 채취하기 쉽기 때문이다. 그러나 얇은 마대자루는 안에 담긴 생두에 물이 닿는 것을 막을 수 없어서 일부 생두에서는 변질이나 손상이 발생할 수밖에 없다.

최근에는 생두의 품질과 신선함을 중요시하는 로스팅업체들 사이에서 새로운 포장법이 인기를 끌고 있다. 그중 하나는 진공포장으로, 포장 후 산소를 제거하고 밀봉해 외부의 수분이나 냄새로부터 생두를 보호한다. 생두가 산소와 접촉하지 않아 운송 도중 숙성이 발생하지 않으며, 신선한 상태에서 로스팅 작업에 들어갈 수 있다는 장점이 있다.

세계 최대 커피 수입국 중 하나인 독일의 함부르크항에 커피가 도착하고 있다.

커피의 혁명,
디카페인 & 인스턴트 커피

밤에 잠이 안 올까 봐 걱정되는 사람을 제외하고
대체 왜 맛을 희생하면서까지 디카페인 커피를 마시려고 하는지
도무지 이해할 수 없었다. 하지만 최근에는 디카페인 커피 시장이 점점
발전하고 있다. 카페인에 거부감이 있는 사람들까지 커피를
마시게 하면서 커피의 대중화를 이끌고 있다.

디카페인 커피는 맛이 없을까?

　디카페인 커피라고 해서 꼭 질이 떨어지는 것은 아니지만, 일반적으로 그런 경향이 있다는 사실은 부정할 수 없다. 하나 고백하자면 필자는 카페인 예찬론자다. 그렇다 보니 손님이 디카페인 커피를 주문하면 커피잔을 건네면서도 고개를 갸우뚱한 것이 사실이다.

　최상급 생두를 디카페인용으로 사용하는 경우는 극히 드물다. 그렇다 보니 맛의 결점을 가리기 위해 다크로스팅을 선택하는 경우가 많다. 다행히 최근 들어서는 품질 좋은 신선한 생두를 적절히 볶아 풍미 또한 그대로 살린 디카페인 커피가 속속 등장하고 있다. 덕분에 품질을 중시하는 고급 카페에서도 디카페인 커피를 취급하기 시작했다.

어떻게 카페인을 제거할까?

디카페인 커피를 만들기 위한 카페인 제거 작업은 생두를 로스팅하기 전에 이루어진다. 카페인의 90~95%를 제거하는데, 로스팅 과정에서 풍미를 살리는 요소는 그대로 남겨둔 채 카페인만 최대한 많이 없애는 것이 중요하다. 대부분의 경우 풍미를 살리는 것보다 카페인 제거에 더 초점을 둔다.

카페인을 제거하기 위해 생두를 증기에 노출시킨 후 용매로 씻어내는데, 이 작업에 10시간 정도 소요된다. 카페인을 녹여낸 후에는 생두를 다시 증기에 노출시켜 혹시라도 남아 있을 수 있는 용매를 제거한다. 이러한 용매추출법은 카페인 제거 효과가 뛰어나지만, 용매의 영향으로 커피의 맛과 특성을 살려주는 요소까지 파괴되기도 한다.

물추출법(스위스 워터 프로세스(Swiss Water Process)라고도 부른다)은 용매추출법보다는 조금 더 부드러운 방식이다. 우선 생두를 물에 불려 세포 구조를 열어서 카페인을 포함한 수용성 성분이 녹아나오게 한다. 생두의 성분이 녹아 있는 물을 탄소 필터로 걸러 카페인을 제거하고, 나머지 성분은 생두에 도로 흡수시킨다. 카페인이 충분히 제거될 때까지 같은 과정을 반복해주면 디카페인 커피가 만들어진다.

마지막은 이산화탄소추출법이 있는데, 다른 두 공법과 마찬가지로 우선은 생두를 물에 담그거나 증기를 쏘여 이산화탄소가 침투하기 쉬운 상태로 만들어준다. 그다음에는 생두를 고압의 액체 이산화탄소에 담

독일의 카페 하그(Kafee Hag)가 1937년 만든 이 광고는 숙면에 지장을 주지 않는 디카페인 커피를 홍보하고 있다.

근다. 이 단계에서 이산화탄소는 높은 압력에 의해 기체와 액체의 중간 상태가 된다. 몇 시간 후면 생두 속의 카페인이 이산화탄소에 녹아나오고, 압력을 낮추면 카페인과 함께 기체가 된 이산화탄소가 증발한다.

2008년에는 카메룬에서 아예 카페인이 없는 코페아 차리에리아나(Coffea Charrieriana)라는 새로운 커피 품종이 발견되어 주목을 끌고 있다.

인스턴트 커피도 진짜 커피 원두로 만들어진다

믿기 어려울지도 모르지만 인스턴트 커피도 진짜 커피로 만든다. 진짜 커피와 맛이 달라도 너무 다른 게 사실이지만, 인스턴트 커피를 만드는 원료 또한 우리가 알고 있는 그 녹색의 생두다.

커피 열매는 인스턴트 커피가 되기까지 힘든 여정을 거치며 커피 본래의 미묘한 향과 맛을 잃게 된다. 물론 인스턴트 커피용으로 분류된 저렴한 생두에 그런 미묘한 향이나 맛이 애초에 존재했을 가능성은 낮지만 말이다. 커피는 섬세한 음료다. 갓 내린 커피의 복잡미묘한 향기는 순식간에 사라지며, 시간이 지나면 금세 미묘한 맛과 향을 잃고 별 볼일 없는 음료가 되어버린다. 간단히 말해 맛이 없어진다.

인스턴트 커피에는 거부할 수 없는 큰 장점이 있다. 커피 맛 분말에 뜨거운 물만 부으면 되니 얼마나 간단한가? 게다가 맛이 일정하고 누구나 쉽게 만들 수 있으며 기호에 따라 간단히 농도를 조절할 수 있는데다 상할 염려도 없다. 주방에서 크게 자리를 차지하지도 않는다. 이렇게 만든 커피에서 바디감과 과일 향이 느껴지는 균형 잡힌 맛까지 난다면 더할 나위 없겠지만, 아쉽게도 그건 불가능한 일이다.

물론 인스턴트 커피를 처음 개발한 데이비드 스트랭(David Strang)은 그러고 싶었을 것이다. 1890년 스트랭은 최초의 분말 커피 제품인 스트랭 커피(Strang's Coffee)를 출시했다. 그는 추출한 커피에 뜨겁고 건조한 공기를 쏘여 수분을 증발시키고 남은 물질을 모아 물에 녹는 커피 분말을 만들었다. 맛이 어땠을지 알 방법은 없지만 아마 형편없었을 것이다.

어쨌든 아이디어 자체는 기발했고, 다른 커피회사들도 집에서 더 간편하게 커피를 추출하는 방법을 연구하기 시작했다. 그런 연구 끝에 나온 제품 중 하나가 바로 조지 콘스탄트 워싱턴(George Constant Washington)의 '레디 커피(Red E Coffee)'다. 1910년 개발된 레디 커피는 네스카페(Nescafé)가 등장하기 전까지 시장을 주름잡았다.

인스턴트 커피의 대명사인 네스카페는 1938년 탄생했다. 당시 브라질 정부는 남아도는 커피 때문에 골머리를 앓던 끝에 네슬레에 해결책을 의뢰했고, 네슬레에서는 설탕과 건조 커피를 혼합한 인스턴트 커피를 발명했다. 이렇게 탄생한 네스카페는 제2차 세계대전을 계기로 큰 인기를 얻었다. 간편하고 장기보관이 가능해 군대 보급품으

인스턴트 커피도 진짜 원두로 만들지만 맛은 결코 같지 않다.

로 적합했기 때문이다. 전쟁이 끝난 후 인스턴트 커피는 가정의 필수품으로 자리잡았고, 그 인기가 최고조였던 1970대에는 미국으로 수입된 커피의 3분의 1 이상이 인스턴트 형태였다.

오늘날 인스턴트 커피는 주로 분무건조와 동결건조 2가지 방식으로 만들어진다. 분무건조는 뜨거운 공기 중에 농축액을 미세하게 분사해 건조하는 방식이다. 머리를 말리는 드라이기에 헤어스프레이를 분사한다고 생각하면 쉽다. 동결건조는 농축액을 1~2분 정도 되는 짧은 시간 내에 영하 40도로 냉각시키는 방식인데, 기존 방식에 비해 낮은 온도에서 더 빠르게 커피 추출액을 건조하기 때문에 커피의 풍미를 더 잘 보존할 수 있다. 제2차 세계대전 이후에는 진공동결건조 방식이 도입되었다.

간편함, 매력적인 마케팅, 커피 맛에 대한 무지 덕분에 인스턴트 커피 시장은 성장할 수 있었다.

건조 과정을 거치면 마지막에는 울퉁불퉁한 커피 알갱이만 남는다. 건조를 마친 후에도 커피 알갱이에는 1%가량의 수분이 남지만, 지구상의 다른 물체들과 비교하면 매우 낮은 수분 함량이다. 수분이 거의 없다 보니 잘 부서지기는 하지만 쉽게 변질되지 않아 오랫동안 보관할 수 있다.

인스턴트 커피가 밋밋하고 맛없게 느껴지는 것이 앞서 말한 공법들 때문인지, 아니면 애초에 인스턴트 커피에 사용하는 원두의 질이 떨어지기 때문인지는 알 수 없다. 그러나 최근 개발되고 있는 동결건조기를 살펴본 경험으로는 언젠가 정말로 맛있는 인스턴트 커피가 나타날지도 모른다는 기대를 품게 된다. 아무튼 현재는 고급 스페셜티 커피와 인스턴트 커피 시장이 극명하게 나뉘어 있는 것이 사실이다.

상업 커피 시장 엿보기

현재 국제커피협약은 국제커피기구에서 관리하며, 전세계 커피 생산량의 약 97%를 책임지고 있는 42개 생산국이 회원으로 참여하고 있다. 물론 국제커피협약의 내용은 인스턴트 커피나 분쇄용 원두로 쓰이는 커머셜 커피(Commercial Coffee, 혹은 코모디티 커피) 시장에 주로 해당된다.

커피 가격 결정의 정치적 역학관계

1940년대부터 커피 생산국(즉 수출 전반을 커피에 의존하는 국가)과 소비국은 커피의 과잉 생산을 막고 생산량을 안정화시켜 가격 폭락과 그로 인한 경제적 타격을 막고자 꾸준히 협의해왔다. 많은 중남미 국가들이 커피 생산에 경제를 의존하고 있는 상황에서 커피 가격이 보장되지 않으면 경제가 불안해지고, 극단적인 좌파나 우파 정권이 들어설 수도 있다는 우려에서였다.

협약이 있어도 커피 거래 가격은 늘 변동되게 마련인데, 이때 일종의 기준점 역할을 하는 것이 뉴욕증권거래소에서 형성되는 코모디티 커피(Commodity Coffee) 가격인 'C 가격(C-price, 뉴욕 C라고도 부른다)'이다. 물론 전세계를 놓고 봤을 때 뉴욕 거래소에서 거래되는 커피의 비율이 그렇게 높지는 않기 때문에 C 가격이 모든 커피 가격을 대표한다고 보기는 어렵지만, 적어도 거래시 참고 역할을 하는 것은 사실이다. 대량재배되는 모든 작물과 마찬가지로 커피 또한 다양한 요인으로부터 영향을 받으며, 이에 따라 C 가격 또한 변화를 거듭한다. 지난 5년간의 변동만 살펴봐도 2011년 파운드당 3달러까지 치솟았던 커피 가격이 2013년 1달러를 겨우 넘기는 선까지 폭락했다. C 가격은 생산비용을 고려하지 않고 형성되기 때문에, 가격폭락시 생산자들은 본전도 건지지 못하고 손해를 볼 수밖에 없다.

"생산자에게 공정한 노동의 대가를!"

커피 산업의 발달은 많은 커피 생산국에 가난과 착취, 폭력과 정치적 부패 등을 불러왔지만, 그 어두운 현실은 20세기 후반에 이르기까지 잘 드러나지 않았다. 국제커피협약은 1962년 등장한 이래 5년마다 협상을 통해 생산량을 조정해가며 갱신되었는데, 1989년 협상이 결렬되며 만료되고 말았다. 커피 업계는 협약 만료 후 새로운 기준을 제때 마련하지 못했고, 곧 엄청난 공급 과잉이 일어나며 '커피 파동'이 발생했다. 막대한 공급으로 시장이 포화상태에 빠지자 커피 가격이 파운드당 77센트까지 폭락했고, 수백만에 이르는 소규모 커피농장주들은 시름에 빠졌다.

> **Barista's Tip**
> 1940년 미주커피협약(Inter-American Coffee Agreement), 1962년 국제커피협약(International Coffee Agreement, ICA)은 정치적인 목적에서 탄생한 커피 협약들이다.

이때 등장한 것이 네덜란드의 공정무역 인증(Fair Trade Certification)이다. 공정무역 인증의 원래 명칭은 네덜란드 동인도회사의 자바 수탈을 비판한 소설의 주인공 이름에서 따온 '막스 하벨라르 인증(Max Havelaar Certification)'이었다. 공정무역 인증의 목표는 생산량과 상관없이 커피 농가에 일정한 매입 가격을 보장해주는 것이다. 공정무역을 통해 거래되는 생두 가격은 파운드당

1달러 40센트, 혹은 뉴욕 C 가격에 5센트를 더한 금액 중에서 더 높은 것으로 결정된다.

만약 공정무역이 생산자에게 더 높은 소득을 보장한다면 이는 분명 바람직한 현상일 것이다. 하지만 절차의 투명성이 부족하고 협동조합 단위로만 가입할 수 있기 때문에 생산이력을 쉽게 추적할 수 없다는 비판 또한 제기되고 있다. 또한 무조건 일정한 가격을 적용하기 때문에 커피 농가의 품질 개선 노력을 기대하기 어렵다는 비판도 있다.

커피는 10여 개에 이르는 개발도상국의 주요 수출품이며, 우간다의 경우 경제 총생산의 15%를 차지한다.

다른 2가지 인증은 유기농 인증과 열대우림동맹(Rainforest Alliance) 인증이다. 유기농 인증은 토양의 건강과 농지의 지속가능성을 해치지 않는 방식으로 재배된 커피에 부여하는 것으로, 커피의 재배 방식이 유기농 기준을 충족한다는 보증일 뿐 커피의 품질을 보증하지는 않는다. 열대우림동맹 인증은 유기농 인증과 함께 발급되는 경우도 있지만 늘 그렇지는 않다. 열대우림동맹 인증은 경작법의 지속가능성과 친환경성뿐 아니라 커피 재배 농가와 이들이 속한 공동체의 복지까지 고려해 부여한다는 점에서 단순한 유기농 인증보다 좀더 엄격하다고 할 수 있다.

까다로운 기준과 공정을 거치는 스페셜티 커피

'스페셜티 커피'라는 용어는 1970년대 중반에 처음 등장했다. 특정 산지와 품종, 재배법이나 정제법을 대표할 만큼 품질과 가치가 뛰어난 커피를 의미한다. 로스팅회사들은 주로 브로커나 수입업자, 협동조합 대표들과 협상을 통해 스페셜티 커피를 구매하며, 경우에 따라 가공 공장이나 농장주와 직접 거래하기도 한다. 산지에서 경매가 열리는 경우에는 로스팅회사와 수출업자들이 모여들어 특정한 품목을 낙찰받기 위해 경쟁을 펼치기도 한다. 스페셜티 커피의 가격은 뉴욕 C 가격의 추세나 산지 등의 영향을 받으며, 물론 품질에 따라서도 달라진다.

최근 들어서는 직접적인 관계를 형성하고 직거래에 나서는 로스팅회사들이 늘고 있다. 직거래를 하면 생산 농가에서는 더 좋은 가격에 커피를 판매할 수 있고, 로스팅업체는 커피의 생산이력을 더 쉽게 파악할 수 있다는 장점이 있다. 직거래 중인 농장과 협력해 앞으로 재배할 작물의 질을 높이기 위해 노력하는 업체들도 있다.

사진 속의 인증 마크는 재배법이나 거래 방식에 대한 최소 기준을 만족했다는 사실을 인증하지만 커피 자체의 품질을 보장하는 것은 아니다.

스페셜티 커피 로스터들 사이에서는 '릴레이션십 커피(Relationship Coffee, 파트너십 커피라고도 하며, 로스팅회사와 생산자 간에 장기적인 계약관계를 맺고 생산하는 커피를 말한다)'라는 용어가 사용되기도 한다. 직거래 커피와 마찬가지로 정확한 정의를 내리기에는 애매한 측면이 있고 공식적인 인증을 거치는 것도 아니므로 용어가

오용되거나 남용될 가능성도 있다. 그러나 릴레이션십 커피를 생산하는 농가와 로스팅회사는 지속적으로 협력하며 커피의 품질을 개선하고 생산이력을 명확하게 하기 위해 노력하는 것이 일반적이다.

재배 농가와 로스팅회사는 커피 생산의 투명성을 높이고 적절한 가격을 보장하기 위해 직거래 관계를 형성하기도 한다.

03

그윽한 커피 향과 카페인의 비밀

커피를 마시면 잠이 오지 않는다는 사실은 모두가 알고 있다. 카페인의 과학적 원리를 이해하면 커피가 얼마나 복잡 미묘한 음료인지 느끼게 된다. 그윽한 향에 숨겨진 커피의 단맛부터 신맛까지, 그 균형감을 함께 이해해보자.

커피라는 이름의
중독적인 맛과 향

생두의 향미 성분은 300가지가 넘는다. 그런데
로스팅을 거치면 화학작용으로 새로운 성분이 형성되고,
그 결과 원두는 900여 가지의 향미 성분을 지니게 된다. 각각의
성분은 고유의 맛과 향을 지니며, 각 성분의 상호작용은
셀 수 없을 만큼 다양한 새로운 향미를 만들어낸다.

알면 알수록 맛이 다양해지는 것이 커피

전통적으로 커피의 훌륭함을 판단하는 기준은 맛이다. 원두의 개성과 특성을 잘 살렸는지? 너무 쓰거나 싱겁지 않도록 균형 있게 추출했는지? 단맛을 잘 살렸는지? 향미가 선명하게 느껴지는지? 우리는 이런 질문을 던지며 커피의 맛을 판단한다. 인간의 감각은 적어도 맛의 영역에 있어서는 그 어떤 기계를 능가한다. 필자가 위에 제시한 질문에 답하기 위해서 비싼 장비가 필요한 것도, 화학 학위가 필요한 것도 아니다. 커피를 즐겨 마시는 사람이라면 누구나 판단할 수 있는 문제다.

맛이 중요한 만큼 그 맛이 만들어지는 과정을 이해하는 것도 필요하다. 맛있는 커피를 만드는 것만큼이나 중요한 것이 그 커피 맛을 제대로 살려내는 능력을 갖추는 것이다. 우리는 이러한 능력을 갖추기 위해 자신만의 법칙, 즉

커피는 이 정도 우려낸다거나, 이 재료는 이만큼 넣는다거나, 스푼으로 20초 저어준다거나 하는 공식을 만든다. 이렇게 공식을 만들고 익혀나가다 보면 일관된 맛을 낼 수 있고, 대부분은 이쯤에서 만족한다. 일정한 맛을 내는 훌륭한 커피를 만들 수 있게 되었으면 됐지, 굳이 그 뒤에 숨은 원리까지 이해하려고 머리를 싸맬 필요가 있나 싶을 것이다. 하지만 바로 그 원리를 이해했을 때 비로소 더 훌륭한 커피를 만드는 비밀을 알아낼 수 있다.

커피가 품은 특별한 단맛

커피의 맛을 얘기할 때 단맛(Sweetness)은 사실 쉽지 않은 개념이다. 영국에서는 커피를 마시는 사람들 중 절반가량이, 그리고 미국에서는 35%가량이 커피에 설탕을 넣는다고 답했지만 우리가 이 책에서 말하는 커피의 단맛은 설탕의 단맛이 아니다. 커피의 단맛이란 설탕을 넣지 않은 커피에서 느껴지는 캐러멜이나 초콜릿, 누가사탕의 달콤한 풍미다.

원두에는 당분이 0.2%가량 함유되어 있다. 원두 상태에서도 높은 편이 아닌데 음료로 추출한 커피 안의 당 함유량은 더 낮아진다.(일반적인 프렌치프레스 추출법을 사용한다고 가정하면 당 함유량은 약 0.06%이다.) 원두 안의 당분은 긴 사슬 다당류로, 우리가 익숙하게 알고 있는 설탕의 단맛과는 다르다.

> **Barista's Tip**
> 프렌치프레스 등 커피 추출법은 07장에서 자세히 설명한다.

커피는 직접적인 단맛을 내는 음료는 아니지만, 로스팅 과정에서 생성되는 익숙한 '달콤한 향기'와 원두 내부에 있던 복잡한 당분과 캐러멜 성분이 만나 혀에 달콤한 느낌을 준다. 진하게 내린 커피에서 이 느낌을 더 강하게 받을 수도 있다. 단맛은 다른 요소들이 완벽하게 균형을 이뤘을 때 더욱 강하게 느껴지므로 커피를 추출할 때는 달콤한 맛을 내는 것을 목표로 삼아도 좋다.

커피의 균형을 잡아주는 쓴맛

커피가 맛없으면 대부분 쓴맛(Bitterness)을 탓한다. 커피가 싫다는 사람에게 이유를 물으면 많이들 "써서"라고 답할 것이다. 그러나 이런 얘기는 쓴맛 입장에서는 억울하게 느껴질 수도 있다. '쓰다'라고 표현하기는 하지만 잘 따져보면 떫은맛이나 시큼한 맛인 경우도 있기 때문이다. 또한 에스프레소 제조 음료에서 쓴맛이 느껴질 때는 커피가 아니라 탄 우유 때문인 경우도 있다.

커피의 쓴맛을 내는 성분은 주로 트리고넬린(Trigonelline)과 퀴닉산(Quinic Acid)이라는 화합물이다. 퀴닉산은 토닉워터의 쓴맛을 내는 성분이기도 하다. 맛과 향이 없다고 알려져 있는 카페인도 사실 쓴맛을 낸다.

쓴맛 하나만 떼어놓고 봤을 때는 불쾌한 맛일 수도 있지만, 균형만 잘 맞추면 쓴맛은 단맛을 강조하고 신맛을 잡아줄 수 있다. 쓴맛의 안정감은 커피에서 느껴지는 여러 가지 맛을 정리하는 역할인 셈이다.

커피를 과추출하면 쓴맛이 강하게 느껴지는 것이 일반적이다. 그러므로 너무 느리게 추출한 에스프레소나 너무 오래 우려낸 프렌치프레스 커피는 쓸 수밖에 없다. 반대로 추출 시간을 줄이면 쓴맛도 함께 줄어든다. 원두의 분쇄 크기, 추출 온도, 물도 쓴맛에 영향을 주며, 가용성 성분이 많은 다크로스팅 원두일수록 더 쓴맛을 낸다.

원두에서는 단맛과 신맛, 그다음으로 쓴맛이 추출되는데, 일단 쓴맛이 우러나오기 시작하면 순식간에 다른 맛을 덮어버릴 수 있으므로 주의해야 한다.

훌륭한 커피를 증명하는 신맛

신맛(Acidity)이라는 말에 괜히 겁을 먹는 사람도 있지만, 사실 신맛은 훌륭한 커피를 만드는 중요한 요소다. 좋은 신맛은 커피에 신선하고 부드러운 과일 향을 선사하며, 커피의 맛을 상쾌하게 만든다. 좋은 커피의 산뜻하고 중독성 있는 산미를 처음 먹어보면 평소 마시던 평범한 커피와 달라서 아마 놀랄 것이다. 산미는 높은 고도에서 생산해 워시드 방식으로 정제한 커피에서 주로 높게 나타난다. 케냐와 콜롬비아는 부드럽고 산뜻한 산미를 내는 커피로 유명하다.

원두에는 다양한 산 성분이 함유되어 있는데 그중 함유량이 가장 높은 산은 다음의 4가지다. 구연산(Citric Acid, 감귤류 과일에 함유), 사과산(Malic Acid, 사과에 함유), 젖산(Lactic Acid, 유제품에 함유), 초산(Acetic Acid, 식초에 함유)이다. 그러나 이것으로 우리가 직접 혀로 느끼는 산미의 정도를 정확히 파악할 수는 없다. 우리가 혀로 느끼는 커피의 신맛은 다른 맛들, 즉 짠맛과 쓴맛, 단맛 등으로부터 영향을 받기 때문이다.

국제커피기구 기술연구팀이 1991년 발표한 연구에 따르면 원두에는 30가지 이상의 산 성분이 함유되어 있는데, 각 성분의 추출 정도는 원두의 분쇄 정도, 추출 시간, 추출 온도 등에 따라 달라진다고 한다. 짐작했겠지만 원두를 곱게 분쇄할수록 추출물 내의 산 농도가 높아진다. 또한 추출 시간과 온도를 점점 높여가며 측정해봤더니 추출 온도는 섭씨 100℃일 때, 추출 시간은 14분일 때 산의 농도가 가장 높았다. 이 실험결과에서 알 수 있듯 무작정 높은 온도에서 오래 추출할수록 신맛 성분의 농도가 높아지는 것은 아니며, 일부 성분은 오히려 파괴되거나 변형된다.

Barista's Tip

생두의 산 농도, 즉 pH 값은 로스팅 과정에서 지속적으로 변한다. 생두 상태일 때 5.8 정도였던 pH 값은 1차 크랙 이후 약 4.8까지 떨어진다.

후각으로 느끼는 커피, 아로마

Barista's Tip

간단하게 설명하면, 우리가 맡는 커피 아로마는 대부분 퓨란(토피 향과 겨 향), 파라진(흙 향, 식물 향, 호두 향), 티아졸(토스트 향, 견과류 향, 구운 고기 향) 등의 화학물질과 관련되어 있다.

커피의 향을 '아로마(Aroma)'라고도 한다. 이 아로마는 정말이지 매력적이다. 커피 아로마는 신기하게도 우리가 단순히 코로 들이마시는 냄새에만 국한되지 않는다. 코 뒤쪽의 비후 경로를 통해 맡는 향기, 즉 입 안에 커피를 한 모금 머금고 숨을 내쉴 때 느껴지는 향기 또한 커피의 아로마를 이루는 중요한 요소다.

우리의 뇌는 혀가 느끼는 맛과 질감, 온도와 코가 느끼는 아로마를 합해 커피의 맛과 향을 종합적으로 느낀다. 뇌에서 일어난 작은 화학적 변화는 우리의 의식에 강렬한 감정적 경험으로 남는다. 코를 막고 음식을 먹어본 사람이라면 갑자기 맛이 밋밋하고 재미없어지는 그 느낌을 잘 알 것이다. 커피도 마찬가지다. 커피를 제대로 느끼기 위해서는 커피 속의 수백 가지 향까지도 우리의 코에 닿을 수 있어야 한다.

카페인과 사랑에 빠진 인류

카페인은 니코틴과 알코올을 제치고 세계에서 가장 인기 있는 약물로 자리잡았다. 북미 거주 인구의 90%가 매일 카페인을 섭취하며, 그중 약 75%는 커피를 마신다고 알려져 있다. 카페인의 각성효과에 빠진 인류는 합성 카페인을 만들기에 이르렀고, 이제 커피나 차뿐 아니라 음료수, 에너지드링크, 아이스크림, 껌, 심지어 면도용 젤에서도 카페인을 만날 수 있다.

합법적인 마약, 카페인

'카페인'이라는 단어를 만든 사람은 19세기 중반 독일의 화학자 프리드리히 룽게(Friedrich Runge)다. 룽게는 독일어로 커피를 뜻하는 카페(Kaffe)에 화학물질에 붙이는 어미 인(-ine)을 붙여서 카페인이라는 단어를 만들었고, 이는 프랑스어로 Caféine, 그리고 영어로 Caffeine이 되었다.

카페인은 원래는 식물이 해충을 쫓기 위해 자생적으로 만들어내는 화학물질이다. 각성효과가 있는 염기성 유기화합물의 일종으로, 생존경쟁이 치열한 지역(주로 회귀선 지역)의 식물들이 살아남기 위해 만들어낸 자구책이라고 볼 수 있다. 각성효과 덕분에 인간을 포함한 덩치 큰 동물들은 카페인을 좋아하며, 일부 동물은 커피 열매를 주식으로 삼기도 한다. 흔히 카페인은 무미무취의 물질이라고 생각하지만, 사실 순수 카페인은 강한 쓴맛을 내는 물질이라 커피의 쓴맛 중 10%가량이 카페인 때문이다. 그래서 카페인이 들어간 음료는 특유의 씁쓸한 맛이 난다.

진한 커피일수록 카페인이 많이 들었을까?

연간 전세계적으로 소비되는 카페인의 양은 12만 톤이고, 이를 커피로 계산해보면 8,000억 잔 정도다. 건조 생두에서 카페인이 차지하는 비율은 1.2~2.5%이며, 건조된 커피 열매에서 차지하는 비율은 0.7%가량이다.

로부스타종의 카페인 함량이 선천적으로 높지만, 재배 방식이나 품종, 정제법에 따라서도 카페인 함량이 달라지는 것으로 알려져 있다. 최근 진행된 연구에 따르면 다크로스팅한 원두의 카페인 함량이 더 낮다고 하는데, 이는 178℃의 승화점(고체가 액체 상태를 거치지 않고 바로 기체로 변하는 온도) 이상에서 더 오래 가열하기 때문이다. 하지만 원두를 다크로스팅하면 전반적으로 무게와 밀도가 감소해 추출시 더 많은 양을 사용하게 되므로 음료로 만들었을 때의 카페인 함유량은 사실 비슷해진다. 게다가 애초에 카페인 함량과 로스팅의 상관관계를 따져가며 커피를 마시는 사람은 드물다.

카페인은 물에 워낙 잘 녹는다. 그래서 추출법에 따라 카페인의 함량 자체가 달라지는 일은 거의 없다. 물론 추출법에 따라 커피 1리터당 함유된 카페인의 비율이 달라질 수는 있다. 커피를 마시며 카페인 소비량을 계산하고자 할 때는 마시고 있는 음료가 몇 ml인지로 따지기보다는 그 음료를 만드는 데 들어간 커피 원두의 무게로 따지는 편이 훨씬 더 정확하다.

Barista's Tip
200ml짜리 드립커피 1잔에는 대략 0.12g의 카페인이 들어 있으며, 이를 리터로 환산해보면 1리터당 0.6g 정도다.

졸음을 없애는 마법의 약, 카페인

카페인은 빠르게 흡수되며 효과 또한 거의 즉각적이다. 카페인의 각성효과는 섭취하고 약 30분 후에 최고조에 달하며, 3시간 후에는 그 효과가 절반으로 줄어든다. 인체에 흡수된 카페인이 모두 사라지기까지 걸리는 시간은 12시간 정도로 알려져 있지만, 이 시간은 수분 섭취, 음식 섭취, 운동량, 흡연 여부, 음주 여부, 인종, 나이, 심지어 성별에 따라서도 달라질 수 있다.

카페인이 뇌와 교감신경계를 자극하는 원리는 감탄스러울 정도다. 커피를 마시면 잠이 깨는 이유는 정교한 생물학적 작용으로 이루어진다. 카페인은 인체에 흡수되면 졸음을 일으키는 활동을 막은 후 뇌를 자극해 심장 박동을 높이고 아드레날린을 분비한다. 어떻게 이런 일이 가능할까? 그 답은 카페인과 아데노신(Adenosine)의 화학적 유사성에 있다. 아데노신은 뇌가 지나치게 활발하게 활동할 때 뇌의 기능을 둔화시키고 몸의 피로를 느끼게 하기 위해 생성되는 물질이다. 카페인은 아데노신을 꼭 빼닮은 사악한 쌍둥이 형제처럼 아데노신의 자리를 빼앗는다. 이러한 현상을 생물학에서는 '경쟁적 억제'라고 부르는데, 카페인은 말 그대로 아데노신과 경쟁해 그 자리를 빼앗으면서 아데노신의 작용을 억제한다.

신경세포에 달라붙은 카페인은 아데노신과는 정반대로 작용한다. 피로를 느끼게 해 휴식하라는 신호를 보내는 아데노신과 달리 카페인은 신경세포를 자극해 뇌가 더 빠르게 움직이게 만든다. 이러한 신경세포의 움직임을 감지한 뇌하수체(뇌의 하단에 위치한 콩알 크기 정도의 기관)는 교감신경을 자극해 '투쟁-도피 태세(위협에 직면했을 때 이에 맞서 싸우거나 도피하기 위한 준비 태세)'를 발동시킨다. 투쟁-도피 태세에 들어간 우리의 몸은 비상사태에 대한 대비를 시작해 동공이 확장되고 심박수가 증가하며 신장에 저장되어 있던 당이 분비된다. 우리의 뇌를 공략하는 카페인의 완벽한 전술을 보면 카페인이 어째서 그렇게 효과적인 각성제인지 잘 알 수 있다.

꾀병이라 여긴 카페인 금단현상, 과학이 설명하다

카페인이 건강에 악영향을 미친다는 주장은 1800년대부터 있었다. 특히 커피 반대론자인 찰리 포스트(Charley Post)는 카페인이 들어 있지 않은 포스텀(Postum)이라는 커피 대체 음료를 발명해 판매하기도 했다. 포스텀의 광고 문구는 "미국인이 가장 사랑하는 커피의 대체 음료"였다.

다른 약물과 마찬가지로 카페인 또한 지나치게 섭취할 경우 부작용이나 금단현상을 불러올 수 있다. 카페인에 내성이 생기면 아데노신 수용체의 개수가 늘어난다. 카페인이 자꾸 아데노신의 자리를 빼앗으니 아데노신도 수용체에 더 달라붙을 수 있도록 개수를 늘리는 것이다.

이렇게 되면 어떤 현상이 일어날까? 일단 커피를 마음껏 마실 수 있을 때는 괜찮다. 그러나 카페인 공급이 끊기면 늘어난 아데노신의 활동으로 우리 몸은 평소보다 더 큰 피로감을 느끼게 된다. 이것이 바로 카페인 금단현상이다. 상태가 심해지면 카페인 부족시에 심한 감정기복을 경험하게 될 수도 있다. 카페인은 기분이나 식욕, 수면 등을 조절하는 세로토닌이라는 물질의 생성과도 연관되어 있기 때문이다.

하지만 지금까지의 임상연구에 따르면 카페인 과잉섭취가 가져오는 영구적인 부작용은 없다. 오히려 최근 행해진 일부 연구에서는 카페인이 정신질환 치료에 효과적인 도구가 될 수 있다는 가능성을 보여주기도 했다.

1%의 차이를 만드는 커피와 물의 궁합

커피를 만들 때 물의 중요성에 대해서
이야기하면, 그런 것까지 신경 쓰냐며 괜히 유난을 떤다고
하는 사람들도 있다. 그러나 이것은 물이 커피에
미치는 심대한 영향을 모르고 하는 말이다.

맛있는 커피를 원한다면 물을 이해하라!

물은 커피에서 2가지 역할을 한다. 첫째는 커피를 구성하는 재료의 역할, 둘째는 분쇄한 원두에서 성분을 추출하는 용매제의 역할이다.

첫 번째 역할을 잘 수행할 수 있는 물을 고르는 건 쉽다. 그냥 맛을 보면 되니까. 맛없는 물로 내린 커피가 맛이 없어지는 건 당연한 일이다. 커피를 추출하는 물에서는 염소 냄새가 나서는 안되므로 수돗물보다는 정수한 물을 사용하는 것이 좋다. 정수기로 거른 물이나 생수를 사용하면 큰 문제 없이 맛있는 커피를 만들 수 있다.

훌륭한 용매제가 되어줄 물을 찾는 것은 상대적으로 조금 더 까다롭다. 그러나 커피의 맛을 생각하면 이 또한 소홀히 할 수 없다. 대부분의 물에는 (석회질이라는 이름으로 잘 알려진) 탄산칼슘을 비롯한 여러 물질이 녹아 있다. 이러한

물질이 녹아 있는 정도를 경도로 표현하고, 경도가 높은 물을 경수라고 한다.

경수는 좋은 용매제가 될 수 없다. 경수에는 이미 많은 물질이 녹아 있기 때문에 그만큼 다른 물질이 들어갈 자리가 없고, 그래서 커피를 추출해도 우리가 원하는 성분을 충분히 녹여낼 수 없기 때문이다. 그렇다면 아예 아무 물질도 들어 있지 않은 물이 제일 좋은 것일까? 그것도 아니다. 아직 이유가 속 시원히 밝혀지진 않았지만 적당한 경도의 물이 커피 추출에 가장 적합하다고 알려져 있다.

물의 온도, 미세하지만 커피 맛을 바꾼다

커피 추출에 가장 적합한 물의 온도는 90~95℃다. 90℃로 추출한 커피와 95℃로 추출한 커피가 꽤 다른 맛을 내기는 하지만 커피를 내릴 때 물의 온도를 너무 지나치게 강조할 필요는 없다. 최근 출시되는 고급 에스프레소 머신은 물의 온도를 0.1℃까지 제어할 수 있는데, 놀랍기는 하지만 과연 그런 기능까지 필요한가 싶은 생각이 들기도 한다.

일반적으로 다크로스팅은 낮은 온도에서, 라이트로스팅은 높은 온도에서 추출하는 게 좋다. 로스팅이 약할수록 밀도가 높아서 원두의 성분을 녹여내기 어렵기 때문이다. 하지만 추출한 커피가 만족스럽지 못할 때는 물의 온도보다는 원두의 분쇄도, 추출 비율, 추출 시간, 물과 원두의 품질 등 다른 요소를 먼저 확인해보는 것이 좋다.

만약 가정에서 커피를 추출한다면 물을 끓인 다음 2분 정도 식히거나, 끓인 물에 찬물을 조금 섞어서 사용하면 적절한 온도를 맞출 수 있다.

커피를 맛보는 의식, 커핑

'커핑'은 커피 샘플의 맛을 체계적으로 평가하는 행동이다. 긴 탁자에 작은 커핑용 그릇(Cupping Bowl)을 6~8개 놓고 진행한다. 커핑 볼 안에 평가하려는 원두를 분쇄해 넣은 다음 향을 맡고 맛을 보는데, 조용하고 신중한 모습 때문에 마치 신성한 의식을 치르는 것처럼 보이기도 한다.

커핑은 왜 하는 걸까?

커핑(Cupping)을 하는 이유는 다양한 샘플을 빠르게 비교하기 위해서다. 로스팅업체들은 커핑을 중요하게 생각하는데, 산지나 품종, 정제법에 따른 차이를 비교할 수도 있고, 같은 커피를 다양한 방식으로 로스팅해 맛을 비교할 수도 있기 때문이다.

커핑의 구체적인 방법은 조금씩 다르지만, 대부분의 경우 업계 전반에 자리잡은 표준적인 절차에 따라 진행한다. 커핑시에는 커피 제조나 시음 과정에 영향을 줄 수 있는 변수를 최대한 제거해 모든 샘플을 동일한 조건에서 평가하는 것이 중요하다.

전문가처럼 커핑하기

　커핑을 위한 준비물은 간단하다. 뜨거운 물, 분쇄기, 커핑 볼, 커핑 스푼만 있으면 된다. 커핑 볼은 입구가 넓은 컵으로 대체할 수 있고, 원두 1g당 물 17ml가 딱 맞게 들어가는 크기여야 한다. 스푼은 커핑 전용이 아니어도 괜찮다.

커핑이 진행 중인 테이블의 전형적인 모습. 원두, 커핑 스푼, 메모장 등이 정신없이 놓여 있다.

1. 여과용으로 굵게 분쇄한 원두를 커핑 볼에 넣고 마른 원두 냄새를 맡는다.
2. 그다음에는 물을 붓는다. 물을 가득 채운 후에는 타이머를 작동시키고 숨을 크게 들이마시며 냄새를 맡는다.
3. 냄새를 충분히 맡은 후에는 커피 표면에 형성된 막을 깬다.(이 단계를 '브레이크(Break)'라고 부르기도 한다.) 커피막은 처음 샘플에 물을 부은 지 4분 정도 후에 깨는데, 이는 프렌치프레스의 추출 시간과 비슷하다.
4. 커핑 볼 표면에 형성된 막을 스푼의 등 부분으로 깨면 아래에 있던 커피액에서 향기가 올라오기 시작한다. 이 향기를 다시 주의 깊게 맡은 후 기록한다. 그다음에는 커피액 위에 떠 있는 거품과 원두 찌꺼기 등을 스푼으로 떠낸다.
5. 커핑이 시작된 지 10분 정도가 흐른 시점에 드디어 시음이 시작된다. 시음의 시작과 동시에 여기저기서 후루룩거리는 소음이 들려오는데, 이는 커피와 함께 되도록 많은 공기를 들이마셔 입 안에서 향미의 확산을 극대화하기 위한 행동이다. 커핑시에는 스푼에 소량의 커피액을 떠서 입술에 가져다 댄 뒤 후루룩하는 소리와 함께 힘껏 들이마시면 된다.

> **Barista's Tip**
> 필자는 커핑시 2번 단계에서 저울을 쓰지 않는다. 샘플 원두에 물을 재빨리 붓고 바로 냄새를 맡는 것이 관건인데, 저울의 눈금을 보며 물을 부으면 머뭇거리게 되어 과정이 지체되기 때문이다.

시음은 다양한 온도에서 시도할 수 있도록 10분가량 진행된다. 커피액의 온도가 내려가면 뜨거웠을 때는 느끼지 못한 원두나 로스팅의 결함이 드러날 수 있기 때문에 시음은 여러 온도에서 진행하는 것이 좋다.

커피 아이스크림
Coffee Icecream

재료 (2리터)

- 설탕 110g
- 크산탄 검 0.8g
- 람다 카라기닌 1g
- 소금 2g
- 전유 450ml
- 에스프레소 100g
- 더블크림 혹은 헤비크림 50ml
- 코코아버터 50g
- 아이스크림 제조 기구

1. 첫째에서 넷째까지의 재료를 섞어 곱게 분쇄한다.
2. 우유와 미지근한 에스프레소를 푸드프로세서에 넣고 저속으로 돌린다.
3. 아직 따뜻한 기운이 남아 있을 때 분쇄한 1번 재료를 넣는다.
4. 푸드프로세서를 2분간 더 돌린 후 크림과 코코아버터를 넣는다.
5. 아이스크림 제조 기구에 넣고 설명서의 사용 방법에 따라 잘 젓는다.

필자는 어렸을 때 커피 아이스크림을 제일 좋아했다. 그런데 커피 애호가가 되다 보니 커피 맛 음료나 음식에 대한 기준이 높아져서인지 요즘 커피 아이스크림은 싸구려 커피 농축액과 설탕, 지방, 뭔지도 모를 첨가물을 잔뜩 넣어 만드는 것 같아서 예전처럼 많이 찾지 않게 되었다. 그렇다면 진짜 근사한 커피 아이스크림을 먹기 위해서는 어떻게 해야 할까? 좋은 커피를 사용해 직접 만들면 된다.

기본적으로 아이스크림은 가당 크림과 (크림에 함유된 수분이 얼어서 생성된) 얼음, 그리고 공기의 혼합물이다. 이 혼합물을 0℃ 이하로 냉각하면 크림이 얼면서 유지방, 우유의 고형 성분, 설탕이 녹아들어 얼지 않은 물이 섞인 끈적끈적한 상태로 변한다. 이 상태로 더 얼리면 얼음 결정이 들어 있는 시원한 아이스크림이 되고, 잘 저으며 공기를 더 주입하면 부드럽고 결이 고운 아이스크림이 된다.

설탕, 지방, 물, 향료의 비율을 조절하거나 별도의 재료를 추가하면 더 다양한 아이스크림을 만들 수 있다. 예를 들어 달걀 흰자와 일종의 점착제 역할을 하는 하이드로콜로이드(Hydrocolloids)를 추가하면 아이스크림의 단단한 정도, 탄성, 맛의 강도, 맛의 지속 시간, 심지어 녹는 속도까지 조절할 수 있다.

여기에 소개한 레시피는 수많은 시행착오 끝에 탄생한 결과물이며, 커피 본연의 맛을 살리기 위해 달걀 흰자는 넣지 않았다. 또한 건강을 생각해 지방과 설탕의 함량도 조금 낮췄다. 흰자를 쓰지 않고 지방과 설탕 함량이 낮은 경우 부드러운 질감이 떨어져 셔벗처럼 될 수도 있으니 감안하기 바란다.

참고로 아이스크림을 얼리는 가장 쉬운 방법은 액화질소를 넣고 섞는 것이다. 액화질소는 동결 속도를 가속화해 얼음 결정을 더 작게 만들어주므로 아이스크림의 질감이 더 부드럽고 매끄러워진다.

과학과 예술의 경지, 로스팅

04

커피 제조 과정에서 가장 난이도 높은 기술이 바로 로스팅이다. 초록색의 생두가 갈색의 원두로 되기까지 얼마나 다양한 변화를 겪는지를 알면 무척 흥미롭다. 또 로스터들의 고민과 노력도 함께 엿볼 수 있다.

커피를 커피답게 만드는 로스팅 기술

로스팅은 과학과 예술의 경계를 넘나드는
섬세한 기술로, 원두의 특성을 살리는 데 있어서 결정적인
역할을 한다. 일단 로스팅을 거치면 되돌릴 수 있는 것이 없다.
(사실 이건 다른 단계에서도 마찬가지긴 하지만) 커피의
수많은 단계 중 가장 중요한 단계는 단연 로스팅이다.

다크로스팅 vs 라이트로스팅, 어떻게 다른가?

생두에는 별다른 맛이 없고 분쇄하기도 어렵다. 분쇄한 생두를 뜨거운 물에 우려내면 일종의 '커피 차' 같은 것이 완성된다. 같은 커피 열매를 우려낸 것이지만 옅은 신맛과 풀 비린내만 난다. 이 밍밍한 음료를 우리가 아는 커피라고 부르기에는 무리가 있다. 로스팅을 거쳐야지만 비로소 우리가 아는 커피의 맛이 탄생한다.

생두의 단단한 조직 속에 숨겨진 보물 같은 지방, 유기산, 당분은 바로 로스팅을 통해 우리 앞에 나타난다. 생두의 세포벽에 꽁꽁 숨어 있던 지방은 로스팅을 거치며 커피의 그윽한 풍미를 내는 분자로 바뀐다. 우리가 커피라는 음료에서 마시는 커피 열매 속의 용해성 성분은 모두 로스팅을 거쳐야지만 밖으로 나올 수 있는 것들이다.

로스팅의 1차 목표는 두말할 것 없이 특징과 용도에 맞게 생두를 볶아내는 것이다. 라이트로스팅한 원두는 (장점이 될 수도 있고 단점이 될 수도 있지만) 커피 본연의 맛과 특성을 더 잘 드러내며, 전통적인 추출 방식에 많이 쓰인다. 다크로스팅한 원두에서는 커피 열매 자체의 맛보다는 로스팅으로 만들어낸 익숙한 볶은 향미가 더 강하게 느껴진다. 품질이 떨어지는 생두를 흔히 다크로스팅하는 것도 바로 이 때문이다. 다크로스팅한 원두는 주로 에스프레소 추출용으로 사용된다. 라이팅로스팅한 원두로 만든 에스프레소는 신맛이 강하게 난다.

첫 번째만큼이나 중요한 로스팅의 2차 목표는 생두의 변화를 주의 깊게 살피고 제어하는 것이다. 너무 낮은 온도에서 길게 로스팅한 원두로 커피를 추출하면 맛이 약하고 구운 것 같은 느낌이 나며, 너무 높은 온도에서 짧게 로스팅하면 생두 내부의 성분이 충분히 변화하지 못해서 찌르는 듯한 신맛과 쓴맛을 내거나 불에 그을린 듯한 맛을 내게 된다.

그렇다면 3차 목표는? 복잡하게 생각할 것 없이 맛의 추구다.

로스터 안에서는 무슨 일이 일어날까?

로스팅에 대해 자세히 알려면 먼저 로스터에 대한 이해가 필요하다. 먼저 로스터가 생두를 어떻게 변화시키는지 살펴보자. 로스터의 종류는 많지만 목적은 모두 같다. 바로 생두에 열을 가해 커피의 맛과 향을 살리는 것이다.

로스팅 과정은 크게 세 단계로 나눠볼 수 있다.

① 생두를 로스터에 넣는다

예열한 로스터에 생두를 넣으면 커피콩 속의 수분이 중심에서 표면으로 이동하며 건조가 진행된다. 외관상으로 큰 변화가 일어나지는 않지만, 생두가 건조되면서 따뜻한 건초 향과 풀 향기가 난다.

② 생두를 볶는다

2단계는 우리가 알고 있는 로스팅, 즉 생두를 볶는 단계다. 이 단계에서 커피콩은 복잡한 캐러멜화를 통해 갈색으로 변하며 우리가 알고 있는 익숙한 커피 향을 내게 된다. 생두는 로스팅을 거치며 수분 증발로 밀도가 감소하고 잘 부서지는 성질을 띠게 된다. 다공질로 바뀌며 성분이 더 잘 녹아나오게 되는 것이다.

③ 볶은 원두를 냉각한다

마지막 단계는 냉각으로, 잘 볶아진 원두를 로스터에서 꺼내 식히고 원두 내부에 남아 있는 기체를 제거해주는 단계다.

조금 더 과학적인 이야기를 해보자. 대부분의 로스터는 열의 전도(Conduction), 복사(Radiation), 대류(Convection)를 복합적으로 활용해 생두를 볶는다.

컴퓨터 소프트웨어로 제어하는 현대식 로스터는 일관성 높은 로스팅 결과를 자랑한다.

전도는 주로 뜨거운 고체의 표면이 덜 뜨거운 다른 고체에 닿아 열이 전달되는 방식인데, 뜨거운 커피잔을 손으로 감쌀 때 손이 따뜻해지는 것을 떠올려보면 쉽게 이해할 수 있다. 로스팅시에도 이와 같은 현상이 나타난다. 뜨거워진 로스터에 차가운 생두가 닿으면서 열이 전달되고, 뜨거워진 생두가 주변의 다른 생두에게 마찬가지로 그 열을 전달한다. 복사는 열을 내뿜는 것을 말하는데, 난방에 사용하는 라디에이터가 바로 이런 원리로 실내를 따뜻하게 만든다. 대류는 액체나 기체가 순환하며 열을 빠르게 전달하는 것이다.

대부분의 로스터는 대류열을 활용하도록 설계되어 있는데, 실제 커피가 볶아지는 과정에 가장 큰 영향을 미치는 것은 전도열이다. 대류열이 고체인 생두의 외층에 침투한 후에는 전도를 통해서 생두 내부로 전달되기 때문이다. 이 과정에서 로스터 내부를 채운 뜨거운 공기가 대류해 열의 전도를 가속화한다.

로스터의 종류

이러한 원리로 만들어진 로스터의 종류를 간단하게 살펴보자.

드럼식 로스터

드럼식 로스터는 드럼 안에서 로스팅이 되기 때문에 붙여진 이름이다. 커피 업계 전반에서 널리 사용하고 있지만, 그중에서도 스페셜티 커피 업계의 사랑을 독차지하며 세계 곳곳의 유명 카페에서 당당히 자리를 차지하고 있다. 빨래건조기같이 생긴 드럼식 로스터는 작동 방법이 단순하면서도 로스팅 과정을 맞춤형으로 조절할 수 있고 용량 또한 다양하기 때문에 세계 유수의 로스팅회사들이 즐겨 사용하고 있다.

드럼 아래쪽에 위치한 가스불로 가열하며, 드럼 위쪽으로 증기와 부산물을 배출한다. 생두는 호퍼(Hopper, 드럼 위쪽에 달린 깔때기 모양의 투입구)를 통해 투입하며, 로스팅이 끝나면 원두가 냉각판으로 떨어져 식는다.

좀더 발전한 '재순환식 드럼 로스터'도 등장했는데, 이름에서도 짐작할 수 있듯 원두를 볶는 과정에서 발생하는 열풍을 다시 드럼 안으로 유입시켜 재활용한다는 점에서 효율성이 높다.

드럼식 로스터의 냉각통. 냉각통으로 수백 리터의 냉풍이 통과해 원두를 식혀준다. 여열을 제거해 원두의 변화를 멈추는 것이 좋은 로스팅의 필수 조건이다.

유동식 로스터

유동식 로스터는 상대적으로 최근에 발명된 제품이다. 1976년 이를 개발한 미국의 마이클 시베츠(Michael Sivetz)의 "원두를 가만히 두면 안된다"는 모토를 대변하듯 유동식 로스터 안의 원두는 한순간도 가만히 있지 않고 계속 움직인다.

생두가 들어 있는 통 아래에서 위로 순간적으로 고온의 열풍을 통과시켜 가열하는 방식인데, 공기의 움직임과 온도에 맞춰 생두의 양을 결정하는 것이 중요하다. 한 번에 볶는 생두의 양이 너무 적으면 바람에 이리저리 튀기만 해

고른 로스팅이 불가능하고, 반대로 생두의 양이 너무 많으면 활발하게 움직이지 못해서 아래쪽에 있던 생두만 타버리게 된다.

유동식 로스터는 다른 로스터에 비해 매우 빠른 로스팅 속도를 자랑하며, 라이트로스팅의 경우 3~4분 만에 완료할 수 있다. 또한 움직이는 부품이 거의 없어서 고장의 위험도 적다. 하지만 한 번에 5kg 이상을 로스팅할 수 있는 모델이 거의 없다.

로스팅 1단계 – 수분 날리기

본격적으로 로스팅에 대해서 알아보자. 로스팅 단계를 거치며 생두가 어떻게 커피 원두로 변하는지를 아는 것은 무척 흥미롭다.

모든 드럼 로스터에는 정해진 적정 용량을 넣는 것이 좋다. 정해진 용량보다 많이 넣으면 로스팅이 지연되며 생두에 나쁜 영향을 준다. 용량보다 너무 적게 넣으면 생두가 드럼 표면에 닿아 타버릴 수 있다.

로스팅 초기에는 되도록 빨리 열을 전달해야 하므로 생두 투입 전에 드럼을 미리 예열해두어야 한다. 생두가 가열되면 생두 속 수분이 점차 증발한다. 일반적으로 생두의 수분 함량은 5~7분 안에 11%에서 2%로 떨어진다.(로스터의 온도, 배기, 생두의 양과 밀도에 따라 다르다.) 연녹색이던 생두는 가열할수록 옅은 연두색으로 변했다가 오렌지색을 거쳐 시나몬색으로 변한다. 로스팅 초기에 해당하는 여기까지의 단계를 '수분 날리기 단계'라고 한다.

그러나 수분 날리기 단계에서 실제로 수분만 증발하는 것은 아니다. 이 단계에서 (클로로겐산과 당분의 분해로) 단맛과 신맛, 쓴맛이 나타나기 시작하며, 이는 고스란히 커피 맛으로 이어진다.

또한 이 단계에서 마이야르 반응(Maillard Reaction, 생두 내의 아미노산과 당분이 반응해 나타나는 갈변 현상)이라는 화학적 변화가 나타난다. 이 반응은 모든 온도에서 나타날 수 있지만, 150℃ 이상으로 가열했을 때 가장 활발하게 나타난다. 마이야르 반응의 원리는 머리가 지끈거릴 정도로 복잡하다. 그냥 하나만 기억해두자면, 우리가 사랑해 마지않는 잘 익은 스테이크, 갓 구운 빵, 바삭하게 볶은 시리얼 등이 모두 이 마이야르 반응과 관련되어 있다는 사실이다. 원두의 갈색 또한 마이야르 반응에 의한 것이다.

마이야르 반응이 시작되면 로스터에서는 커피 향이 피어오르기 시작한다. 우리가 상상하는 '갓 볶은 커피 향'은 커피 애호가들에게는 온몸이 마비될 정도로 치명적인, 그 무엇과도 바꿀 수 없는 향기다. 그러나 이 단계에서 나는 커피 향은 우리가 일반적으로 떠올리는 그 향기와 다르다. 약간 오래된 팝콘이나 젖은 건초 냄새와 비슷하다. 시간이 조금 더 지나면 나뭇가지를 오븐에 넣고 굽는 것 같은 냄새가 난다. 노련한 로스팅 전문가라면 이 냄새로 로스팅의 진행도를 짐작할 수 있지만, 어쨌든 우리가 일반적으로 생각하는 그윽하고 기분 좋은 커피 향과는 거리가 멀다.

수분이 증발하면 부피가 팽창하고, 생두 상태였을 때는 잘 보이지 않던 표면의 얇은 막이 벗겨지기 시작한다. 이 얇은 막은 생두의 일부였을 때는 실버스킨(Silver Skin)이라는 멋진 이름으로 불리지만, 떨어져 나온 후에는 그저 채프(Chaff, 겨)가 되어버린다. 채프는 원두의 질이나 커피의

로스팅 이전의 생두. 고운 빛깔이 예쁘지만 안타깝게도 별맛은 없다.

맛에 영향을 주지 않지만, 청소를 게을리해 로스터 안에 쌓이게 되면 화재의 위험이 있다.

로스팅 2단계 – 1차 크랙

150℃부터는 자당이 분해되며 캐러멜화가 시작되고, 그 부산물로 수분과 이산화탄소가 배출된다. 이때 증기화된 수분과 이산화탄소가 생두의 구조에 점점 더 큰 압력을 가하게 되는데, 수분을 잃어 단단해진 생두는 이 압력을 견디지 못하고 팽창하다가 결국 소리를 내며 터지게 된다.

이 단계를 1차 크랙(Crack)이라고 하는데, 생두가 "탁, 탁" 하는 연필 부러지는 소리를 내며 부풀어오른다. 일반적으로 많이 사용하는 드럼식 로스터에서는 1차 크랙까지 7~9분이 걸리고, 일부 유동식 로스터는 2~3분이면 충분한 경우도 있다. 로스터의 평균 온도가 190℃ 정도일 때 크랙은 30~120초간 지속된다.

1차 크랙은 로스팅의 진행 상태를 귀로 확인할 수 있는 좋은 수단일 뿐 아니라 생두와 열 사이의 역학 변화를 알리는 신호탄이기도 하다. 생두는 1차 크랙 직전까지는 열을 흡수하지만, 온도가 높아지면서 수분이 증기로 변하고 내부 온도가 급격히 상승하면서 그동안 열을 흡수하기만 하던 생두가 열을 방출하기 시작한다.

1차 크랙 시기를 예측하는 것은 중요한 로스팅 기술 중 하나다. 이 시기를 잘못 예측해 발열이 길어지면 이후의 로스팅이 너무 빠르게 진행되어 제어가 불가능해질 수 있고, 반대로 발열 시간이 너무 짧으면 진행이 지지부진해지기 때문이다.

1차 크랙 이후부터 생두는 이제 음료로 만들어 마실 수 있는 '원두'가 된다고 볼 수 있다. 1차 크랙까지 가볍게 볶은 원두는 화사한 과일 향이 나며, 볶은 맛보다는 원두 자체가 지닌 본연의 맛을 낸다.

라이트로스팅한 원두에는 로스팅이 주는 볶은 맛이 거의 없기 때문에 생두 자체에 결함이 있는 경우 거의 그대로 드러난다는 약점이 있다. 그러나 생두의 품질과 로스팅하는 사람의 기술만 훌륭하다면 커피가 낼 수 있는 다양한 풍미를 한계치까지 느껴볼 수 있다는 장점도 있다. 이렇게 약하게 볶은 커피는 필터를 통한 드립이나 프렌치프레스 추출이 어울리며, 에스프레소용으로 사용하기에는 신맛이 너무 강하다.

맛있는 원두를 만들기 위해서는 로스팅 데이터를 꾸준히 기록하고 관리해야 한다.

로스팅 3단계 – 2차 크랙

1차 크랙 이후 로스팅은 더욱 빠르게 진행된다. 로스팅 초기에는 생두의 색과 향이 비교적 천천히 변하는 편이지만, 1차 크랙 이후에는 중요한 물리화학적 변화가 그야말로 1초 단위로 일어나기 때문에 진행 상황을 꼼꼼히 살펴야 한다. 1차 크랙은 원두 표면에 균열을 일으킨다. 또한 수분이 빠르게 증발하며 남긴 자리를 기체가 채우며 팽창하게 되는데, 이로 인해 커피 내부의 지방 성분이 나오기 시작한다.

1차 크랙 이후에는 시간에 따라 커피의 맛 또한 변화를 거듭한다. 시간이 갈수록 캐러멜화가 진행되며 신맛이 감소하고 쓴맛이 증가하는 한편, 바디감과 단맛은 처음에는 증가하다가 잠시 평형을 유지한 후 감소한다. 맛의 변화가 나타나는 정확한 시점은 커피의 품종은 물론 로스팅하는 사람의 실력에 따라 달라진다.

1차 크랙이 있으니 2차 크랙도 있다는 것을 예상했을 것이다. 2차 크랙은 1차 크랙 2~5분 후에 나타난다. 스페셜티 커피의 경우 2차 크랙까지 가지 않고 냉각하는 것이 일반적이지만, 에스프레소 추출에 사용하는 원두는 2차 크랙 이후까지 볶는 경우도 있다.

2차 크랙은 1차 크랙에 비해 소리가 작기 때문에 주의 깊게 들어야 한다. 2차 크랙 또한 1차 크랙과 마찬가지로 원두 내부의 이산화탄소가 배출되며 나타나는 현상인데, 수분이 이미 거의 증발한 2차 크랙에서는 증기 배출이 거의 없다.

2차 크랙 이후에는 정신을 바짝 차려야 한다. 원두에서 캠프파이어를 할 때와 비슷한 타닥거리는 소리와 냄새가 나기 시작한다. 230℃가 넘어가면 식물의 세포 구조가 더욱 심하게 붕괴된다. 조직을 묶어주는 성분이 붕괴되면서 원두 조직의 안정성이 감소하지만, 그 대신 견과 향과 그을린 향 등 새로운 향미의 세계가 열리게 된다. 이 단계에서 로스팅을 더 진행하면 커피는 타기 시작한다.

여기까지 소요되는 시간은 15분이 채 되지 않지만, 그 짧은 시간 동안 생두의 크기는 2배로 팽창하고 중량은 20% 이상 줄어 밀도가 절반으로 감소한다. 커피를 이 정도까지 볶으면 생두 상태에서 지녔던 특성은 거의 사라지고 탄 맛과 떫은맛, 쓴맛이 중심이 된다. 또한 커피 오일이 표면으로 배어나오면서 원두에서 나는 연기의 색깔이 짙어진다. 이 시점을 넘어선 로스팅은 무의미할뿐더러 위험하기도 하다. 마시지 못할 정도로 맛이 없는 것은 차치하더라도 화재의 위험이 있기 때문이다. 발화점에 도달한 원두는 석탄처럼 까만색으로 변하며 그 후에는 불이 붙으면서 타버린다.

대부분의 전문가는 로스팅 중 주기적으로 샘플의 냄새를 맡으며 진행 상태를 확인한다.

로스팅 이후의
원두를 다루는 법

로스팅은 그 무엇과도 다른 독특한 예술이자 기술이다.
과학자들은 잘 볶아진 원두의 맛과 향기를 구성하는 요소를
밝혀내기 위해 오랫동안 애썼다. 로스팅 기술을 익히기 위해서는 일 자체에
대한 이해를 높이는 것이 중요하지만, 궁극적으로는 생두에 대한
이해부터 보관법과 관리법까지 전부 알고 있는 것이 좋다.

로스팅회사가 진퇴양난에 빠진 이유

커피와 와인을 한번 비교해보자. 와인은 생산자가 거의 모든 과정에서 품질을 관리한다. 포도 생산과 수확, 압착과 발효, 여과와 병입까지 전 과정을 지켜보고 관리한다. 시장에 나온 와인을 소비자가 사게 되면 그때부터 품질 관리는 소비자의 몫이다. 최상의 품질로 즐기기 위해 적당한 온도에서 와인을 개봉하고 너무 오랜 시간이 흐르기 전에 마시면 된다. 이어달리기의 패턴으로 보자면 품질 관리를 생산자가 곧바로 소비자에게 넘기는 것이다.

그러나 커피는 다르다. 이어달리기의 주자가 너무 많다. 게다가 앞선 주자들이 품질을 잘 보존해 무사히 다음 주자에게 넘겼다고 하더라도 마지막 주자가 넘어지면 모든 노력이 물거품이 된다. 커피 생산자가 땀 흘려 생산한 훌륭한 커피가 형편없는 바리스타의 손에서 망쳐질 수도 있다.

물론 각 주자들의 역할과 권한에는 한계가 있다. 기본적으로 앞선 주자가 특정 공정을 맡아 가공한 커피를 넘겨받아서 자기가 할 일을 하고 다음 주자에게 넘기는 게 다기 때문이다. 하지만 가장 중요한 단계는 역시 로스팅이며, 소비자들이 원두의 품질에 대해 생각할 때 떠올리는 것도 로스팅회사다. 물론 같은 회사에서 로스팅한 똑같은 제품이어도 카페에 따라, 바리스타에 따라 맛이 천차만별이다. 이런 상황을 고려해 최근에는 로스팅업체들이 원두를 판매한 후에도 카페의 직원들에게 교육을 제공하는 등 사후 서비스에도 신경을 쓰고 있으며, 필요한 기준을 충족시키지 못하는 카페에는 납품을 중단하기도 한다.

로스팅의 역할은 생두를 이해하고 깊은 맛을 끌어내는 것

로스팅회사는 생두 구입시 여러 가지를 고려한다. 가장 중요한 것은 풍미이며, 이를 파악하기 위해 수확, 정제, 선별, 포장, 수출된 시기와 방법, 그리고 가격이 적절한지까지 살펴 구입을 결정한다. 요즘에는 환경과 윤리 또한 고려하는 추세여서 생산 농가가 어떤 농법을 사용하는지, 노동자들이 적절한 보상을 받는지도 따진다.

생두를 구입하고 나면 원산지와

수확 연도, 품종, 농장명, 정제 방식 등의 정보가 명시된 니카라과 커피

떼루아(Terroir, 토양과 일조, 강수, 바람 등 커피의 재배에 영향을 주는 모든 환경적 요소), 그리고 품종을 고려해 최상의 커피가 나올 수 있도록 빚어내는 것은 로스터의 기술에 달려 있다. 훌륭한 로스터는 질이 떨어지는 생두의 맛도 어느 정도 길들일 수 있다. 하지만 아무리 좋은 최고급 스페셜티 생두를 가져온다고 해도 로스팅 기술이 별 볼일 없다면 맛을 망쳐버리고 만다.

오늘날 다양한 연구를 통해 원두 자체에 대한 이해가 높아진 것은 사실이지만, 커피의 복잡성에 대해 알아갈수록 오히려 그 안에서 한두 가지의 특정한 맛과 향을 이끌어내는 게 얼마나 어려운 일인지 통감하게 된다. 물론 수많은 시행착오를 거치고 과거 로스팅 기록을 참고해 계속 시도하다 보면 언젠가 에티오피아 이르가체페에서 복숭아의 산미를 이끌어내고, 브라질 다테라에서 초콜릿의 향미를 찾아낼 날이 올 수도 있다. 하지만 별다른 노력 없이 이런 결과가 나오기를 바라는 건 어느 날 냉장고를 열었는데 근사한 코스 요리가 튀어나오기를 기대하는 것과 다를 바 없다.

그런데 커피의 또 다른 매력이 있다. 바로 예측이 불가능한 모호한 맛이다. 로스팅을 할 때는 알데히드, 유기산, 당분, 카르보닐, 캐러멜, 카로테노이드 등의 향을 내는 성분의 비율을 정확히 맞출 수 없고, 볶아진 원두 색깔의 채도나 대비, 명도를 따져가며 판단할 수도 없다. 로스터들은 그런 의미에서 마치 인상파 화가 같다. 사용하는 기교는 얼핏 보기에 불완전하고 이해하기 어렵지만, 완성된 작품 전체를 보면 그 불완전함이 빚어낸 풍부하고 감동적인 이야기를 느낄 수 있기 때문이다.

로스팅을 마친 원두는 휴식이 필요하다

갓 볶은 원두는 생각보다 맛이 없다. 정말이다. 카페에서 금방 사온 원두를 말하는 게 아니다. 로스팅을 막 마치고 냉각판에서 갓 꺼낸 원두 얘기다. 사실 커피가 로스팅 과정에서 겪는 갑작스럽고도 부자연스러운 변화를 생각하면 그리 놀랄 일도 아니다. 생두 안에 있던 수분과 세포 내부 물질은 증발하고, 당분과 유기산은 분해되어 다양한 화학물질로 변한다. 캐러멜화와 마이야르 반응이 이어지며 커피콩 내부의 구조가 완전히 달라져버린다. 크기는 2배가 되고 투과성, 색깔, 밀도, 무게도 달라진다. 이런 변화를 막 겪은 원두로 커피를 추출하면 밋밋하고 생기 없는 맛이 나며 복합적이고 그윽한 향도 기대하기 힘들다.

금방 볶은 원두가 맛있는 음료로 거듭나기 위해서는 휴식이 필요하다. 이 휴식의 첫 번째 목적은 원두 내부에 있는 이산화탄소, 즉 가스를 제거하는 것

볶기 전의 생두(왼쪽 아래)에서부터 다크로스팅한 프렌치로스트(왼쪽 위)까지 다양한 단계로 볶은 원두의 모습

이다. 두 번째 목적은 로스팅이 완료된 후 몇 분, 몇 시간, 혹은 며칠 뒤까지도 이어지는 크고 작은 화학적 변화를 가능하게 하는 것이다.

로스팅 직후의 원두에는 무게 기준으로 2%가량의 이산화탄소가 함유되어 있다. 원두 내부의 이산화탄소가 배출되는 원리는 잔뜩 부푼 풍선에서 공기가 빠지는 원리와 비슷하다. 로스팅으로 뜨거워진 원두는 압력이 높아져 이산화탄소가 더 빨리 배출된다. 이산화탄소는 그 자체로는 무미무취의 기체지만 물과 만나면 반응을 보인다.

프렌치프레스로 커피를 1잔 만든다고 가정해보자. 분쇄한 원두를 넣고 뜨거운 물을 부으면 원두 안에 있던 이산화탄소가 물에 녹으며 거품이 형성된다. 그런데 이런 커피는 보기에는 신기할지 몰라도 맛을 기대하기는 어렵다.

이산화탄소가 녹아든 커피가 맛이 없는 데는 2가지 이유가 있다. 첫째는 이산화산소와 물이 만나 생성되는 탄산의 맛이다. 김이 거의 빠진 탄산음료를 마셨을 때 느끼는 살짝 쏘는 듯한 맛이 바로 탄산이다. 건전지 끝에 혀를 댔을 때와 같은 찌릿한 느낌을 남기기 때문에 커피 맛에 도움이 안된다. 특히 금방 내린 커피에서는 탄산의 존재가 더 강하게 느껴진다.

그뿐 아니라 이산화탄소는 추출 과정 자체를 방해한다. 이산화탄소가 모두 제거되지 않은 원두를 분쇄해 물을 부으면 커피 가루에서 이산화탄소가 배출되면서 물이 밀려나고, 그로 인해 원두 속의 다양한 맛에 접근해 그것들을 녹여낼 기회를 잃게 된다. 추출이 완전하게 되지 못하는 것이다.

원두의 휴식과 가스 배출에 필요한 시간은 로스팅 방식과 보관 방법에 따라 달라진다. 일반적으로 높은 온도에서 강하게 로스팅한 원두가 가스 배출이 더 쉽고 빠르다. 기체가 빨리 배출된다는 것은 다공성이 높다는 얘기로, 산화 또한 빨리 진행된다.

로스팅 후 약 1주일간 가스가 배출되는데, 이때 배출되는 가스의 비율과 범위는 향기와도 연결된다. 커피의 향기 성분, 즉 아로마는 라이트로스팅한 원두에서 더 분명히 느낄 수 있다. 다크로스팅한 원두에서는 휘발성 향 성분이 생성되는 속도보다 파괴되는 속도가 더 빠르기 때문이다.

원두 최대의 적, 산화

로스팅 후 일정 기간이 지나면 원두의 품질은 떨어진다. 슬프게도 수많은 사람들이 이를 인정하려 하지 않는다. 물론 적절한 가공이나 포장으로 커피의 변질을 지연시킬 수는 있겠지만 완전히 막는 것은 불가능하다. 묵은 커피는 향의 증발과 산화작용으로 인해 향기를 잃은 탁한 맛으로 변한다. 원두를 포장한 봉투를 열 때마다 고소한 냄새가 나는 것도, 길 건너편 카페에서 향긋한 커피 향이 나는 것도 모두 엄밀히 말하면 향의 증발로 인한 것이다.

산화의 힘은 실로 파괴적이다. 과일과 채소가 산화하면 색깔이 변하고, 지방과 기름에서는 악취가 난다. 원두의 경우 공기 중에 떠다니는 산소 분자가 원두의 맛을 내는 성분과 결합해 새로운 산화 합성물로 변하게 된다. 이렇게 되면 커피의 좋은 맛을 내던 분자가 (적어도 맛의 관점에서는) 훨씬 안 좋은 합성물로 변하게 되니 전반적으로 맛이 떨어지는 것은 당연한 일이다.

원두의 산화 속도는 원두 내부의 가스 배출 속도와 직접적으로 연관되어 있다. 신선한 원두는 내부 압력이 비교적 높아 가스 배출이 활발히 이루어지기 때문에 외부의 산소 분자가 쉽게 접근할 수 없다. 그러나 시간이 지나 원두 내부 압력이 감소해 가스 배출 속도가 느려지면 산소의 접근이 쉬워지며 산화 속도가 빨라진다. 습도 등 다른 요인도 커피의 산화에 영향을 준다. 커피의 신선함을 보존하는 가장 쉬우면서도 효과적인 방법은 서늘하고 건조한 곳에 보관하는 것이다.

커피는 시간이 지남에 따라 점점 향을 잃으며 산화되고, 어느 시점을 넘어선 후에는 맛이 없는 그냥 원두가 되어버린다. 그렇다면 로스팅 후 커피가 가장 맛있는 시점은 언제일까? 사실 언제라고 콕 집어 답하기에는 변수가 너무 많아서 대략적인 기준 정도만 제시할 수 있을 것 같다. 우선 갓 로스팅한 원두는 최소 12시간 정도가 지나야 마실 만한 커피를 만들 수 있으며, 일부 원두는 1주일 정도가 지나야 최상의 맛을 내는 경우도 있다. 경우에 따라서는 산화의 진행과 향 성분의 손실이 오히려 커피 맛을 좋아지게 하기도 한다. 앞서 말했듯 변수가 너무 다양하기 때문에 정확히 로스팅 며칠 후가 최고라고 말하기는 어렵지만, 드립커피용은 1~10일 사이에 소비하는 것이 좋고, 에스프레소용은 7~14일 사이에 추출해 마시는 것이 좋다.

예쁜 게 능사는 아니다! 커피의 포장 & 보관법

원두의 포장과 보관에는 여러 방법이 있으며, 용도에 따라 본인에게 적합한 방법을 선택하면 된다. 단, 지나친 산화를 막기 위해서는 되도록 밀폐 상태로 보관하는 것이 좋다. 밀폐하지 않고 보관한 커피는 하루이틀 내에 사용하는 것이 좋다.

로스팅업체에서는 원두 포장시 주로 아로마 밸브가 부착된 봉투(Valve Bag)를 사용한다. 봉투에 달린 밸브는 원두에서 나온 가스는 밖으로 배출하지만 커피의 향 성분은 잡아둔다. 밸브의 구조상 내부의 기체는 조금씩 외부로 나갈 수 있지만 외부의 공기는 유입될 수 없기 때문에 봉투 내부가 원두에서 배출된 이산화탄소로 채워진다. 로스팅 직후의 원두를 밸브백에 담고 밀봉하면 약 5분 후 봉투 내부 공기의 절반이 이산화탄소로 채워진다. 물론 봉투를 개봉하면 당연히 산소가 유입되지만 입구를 다시 잘 밀봉해두면 시간이 흐르며 밸브를 통해 밖으로 배출된다. 일부 업체에서는 봉투의 개봉 시점까지 원두의 산화를 더욱 효과적으로 방지하기 위해 질소 충전 포장을 택하기도 한다. 진공 포장 또한 질소 포장과 유사한 결과를 기대할 수 있다.

로스팅 후에는 원두를 되도록 빨리 포장해야 산소와 접촉하는 것을 최소화할 수 있다.

원두는 밸브백 안에서도 꾸준히 가스를 배출한다. 가스 배출이 진행될수록 원두 내부의 압력은 낮아지고 원두가 산화에 취약한 구조가 된다. 그렇기 때문에 포장한 지 3주 지난 커피는 막 개봉했을 때는 괜찮을지 모르지만 일단 개봉한 후에는 기름이 부패하는 산패가 급속도로 진행된다.

압력 용기에 보관하는 것도 산패 위험을 줄일 수 있는 좋은 방법이며, 냉동 보관 또한 간단하면서도 효과적인 보관법 중 하나다. 필자 역시 원두를 소분해 냉동보관하는 방식을 지난 몇 년간 애용하고 있으며 비교적 신선하게 보관할 수 있었다. 단, 보관시에는 냉장고 속의 수분이 원두에 달라붙어 얼지 않도록 밀폐가 가능한 용기나 봉투를 사용하는 것이 좋다.

프라이팬에서 드럼까지, 로스터의 진화

오늘날 우리가 사용하는 로스터는 500여 년 동안 쌓아온 지식의 결정체다. 로스터는 끊임없이 진화했고, 기존에 사용하던 기계의 단점을 보완하기 위해 새로운 디자인이 도입되었다. 로스터의 개선은 커피 품질의 개선으로 이어졌고, 품질의 개선은 가격 상승으로 이어졌다.

로스터는 무엇을 위해 변화했는가?

로스터가 진화해온 길을 살펴보면 발명가들이 3가지 문제를 늘 고민했다는 것을 알 수 있다.

첫 번째는 고른 열 전달이다. 기계에 넣은 생두에 열이 골고루 전달되어야 품질이 일정한 좋은 원두를 만들 수 있기 때문이다. 두 번째는 로스터에 생두를 넣고 빼는 데 드는 시간을 단축하는 것인데, 이 시간이 단축될수록 처리할 수 있는 양이 많아지고 인건비가 줄어들기 때문이다. 세 번째는 로스팅 중인 원두를 눈으로 살펴보거나 직접 꺼냄으로써 모니터링할 수 있는 기능이다. 로스팅 중에 원두를 잘 관찰해야지만 맛의 정확성을 높일 수 있고 더 좋은 원두를 만들어낼 수 있기 때문이다.

최초의 프라이팬형 로스터, 15세기에 시작되다

커피 역사에 로스터가 최초로 등장한 시기를 정확히 알 수는 없다. 아마 처음에는 주방에서 쓰던 도구를 로스팅에 사용했을 가능성이 높다. 초기에는 석기나 토기 잔에 생두를 넣고 뜨거운 석탄이나 모닥불 위에 올려두고 뒤적거리며 볶는 게 일반적이었다. 물론 이렇게 해도 커피가 볶아지기는 하지만, 표면은 타버리고 중심부는 덜 익을 수밖에 없었다.

로스팅 전용 기구가 처음 등장한 것은 1400년대 초 페르시아에서였다. 군데군데 구멍이 뚫린 오목한 모양의 큰 스푼 같은 이 로스터는 화로나 모닥불에 올려놓고 사용했으며, 한 번에 원두를 조금씩만 볶아낼 수 있었다. 팬에 뚫린 구멍을 보면 당시의 커피 애호가들도 로스팅시 통기와 대류의 중요성을 이해하고 있었음을 짐작할 수 있다. 시간이 지나며 더 큰 로스팅 팬이 나오

1774년 비엔나의 풍경을 묘사한 판화. 길가에 내놓은 화덕에서 커피를 로스팅하는 모습을 볼 수 있다.

20세기 초 촬영한 이탈리아의 거리 풍경. 왼쪽의 판화와 놀랍도록 비슷한 모습이다.

기도 했고, 뜨거운 석탄 위에 올려놓을 수 있도록 다리가 달린 팬이 나오기도 했다.

초기 프라이팬형 로스터의 오목한 모양을 보면, 당시에도 원두를 이리저리 섞어 고르게 로스팅하는 것이 중요하다는 사실을 이해했음을 알 수 있다. 시간이 지나면서 로스터의 모양 또한 점점 개선되었고, 16세기에 이르러서는 처음 오스만 제국에서 사용하던 디자인에 뚜껑과 긴 손잡이가 추가되어 팬을 뒤집어가며 원두를 익힐 수 있는 모양으로 진화했다. 침대를 따뜻하게 하기 위해 안에 뜨거운 석탄을 채우고 뚜껑을 덮어 매트리스 밑에 넣어두던 동그란 구리팬과 비슷한 모양이었다.

17세기, 빙글빙글 도는 원통형 로스터의 등장

실린더형(원통형) 로스터의 등장은 그야말로 혁신이었다. 17세기 중반에 등장한 이 로스터 역시 터키 쪽에서 넘어왔을 가능성이 높다. 주로 양철이나 양철을 입힌 구리로 만들었는데, 밀폐해서 커피의 향이 빠져나가지 않게 했고 빙글빙글 돌려가며 안에서 원두가 움직일 수 있도록 했다.

당시 사람들은 몰랐을 수도 있지만 실린더형 로스터는 엄청난 기술의 진보였다. 프라이팬형 로스터와 달리 원두가 불에 직접 닿지 않게 보호할 수 있고, 회전함으로써 원두에 가하는 자극을 줄일 수 있었다.

1660년경 런던에도 이러한 실린더형 로스터가 등장하기 시작했는데, 그중 대표적인 것이 엘포드(Elford)의 로스터였다. 여기에는 도르래를 이용한 자동회전 장치가 달렸다. 이전까지 주로 인간(주로 소년)의 노동력에 의존한 것을 생각하면 커다란 기술 혁신이었다.

커피를 사랑한 네덜란드, 가정용 로스터를 개발하다

험프리 브로드벤트(Humphrey Broadbent)가 1722년에 쓴 〈런던의 커피 애호가(London coffee man)〉라는 글을 보면, 당시 유럽에서 로스팅 장비를 가장 중요하게 생각한 국가는 네덜란드라는 것을 알 수 있다. 다음은 그중 일부다.

"필자 생각에 커피 열매를 볶는 최고의 방법은 작은 구멍이 촘촘히 뚫린 철통을 사용하는 것이다. 이러한 철통을 석탄불 위에 고정해놓고 돌려가며 볶으면 원두가 타는 것을 막을 수 있다. 로스팅이 끝난 후에는 철통 안의 원두를 꺼내 양철이나 철로 된 접시에 펼쳐놓고 남아 있는 열을 식힌다. 네덜란드에서는 분별 있는 사람이라면 대부분 이 방법으로 손수 볶은 커피를 마신다."

브로드벤트의 글에 등장하는 네덜란드의 철통은 벽난로에서 원두를 볶을 수 있도록 가정용으로 보급된 최초의 로스팅 장비라고 볼 수 있다. 엘포드가 개발한 로스터와 비슷한 20cm 길이의 원통형 실린더였으나, 원두를 쉽게 넣고 뺄 수 있도록 작은 미닫이문이 달려 있었다. 한쪽 끝은 벽난로의 고리에 걸 수 있도록 되어 있었고, 다른 쪽 끝에는 나무 손잡이가 달려 있어서 천천히 돌려가며 원통 속의 원두를 볶을 수 있었다.

가정에서 사용하던 작은 원통형 로스터는 카페에서 바닥에 세워두고 사용할 수 있는 더 큰 용량의 로스터로 발전했고, 이러한 로스터에는 열 보존을 위한 외부 덮개가 장착되기도 했다.

18세기 산업혁명, 상업 로스터에도 손을 뻗다

이 무렵 유럽에서는 커피를 거의 가정에서 볶아 마셨다. 로스팅을 특별히 전문적인 기술로 보지 않는 인식 때문이기도 했고, 미리 볶아서 판매하는 커피가 가짜일지도 모른다는 우려 때문이기도 했다. 게다가 18세기 후반까지는 로스팅업체에도 소량만 볶아낼 수 있는 작은 로스터밖에 없었다. 당시 로스팅은 어떤 경우 1시간가량 소요되기도 했다. 이렇게 낮은 온도에서 오랫동안 볶아낸 커피는 맥 빠지는 풍미에 톡 쏘는 산미도 없었다.

그러나 때는 바야흐로 혁신의 시대였다. 낙농업에서 양조업, 섬유업에서 제지업까지 모든 분야에서 새로운 기술이 등장해 인력이 감축되고 품질과 생산성이 높아지고 있었다. 커피 로스팅 또한 예외가 아니었다. 집에서 직접 원두를 볶던 사람들은 전문적인 로스팅업체가 대량으로 볶은 원두의 품질이 더 일정하고 뛰어나다는 것을 깨달으면서 볶은 원두를 구입하기 시작했고, 이렇게 상업 로스팅이 인기를 얻으며 대용량 로스터가 생겨났다.

혁신의 첫 발자국을 뗀 것은 1824년 최초의 대규모 상업용 로스터로 특허를 받은 리처드 에반스(Richard Evans)였다. 크기도 크기였지만 에반스의 로스터는 기존 장비와 전혀 달랐다. 우선 손쉽게 뒤집을 수 있어 로스팅 후 원두를 꺼내기가 수월했으며, 로스팅 중 샘플을 채취해 상태를 확인할 수 있는 샘플관이 장착되어 있었다. 실로 원두의 품질 향상을 위한 중요한 발자국이라 할 수 있다.

시간이 지나 커피 수요가 늘면서 점점 더 큰 로스터가 필요해졌다. 큰 기계를 만드는 데 누구보다 익숙한 나라는 예나 지금이나 미국이다. 보스턴의 제임스 W. 카터(James W. Carter)는 로스팅 드럼을 화로에서 서랍처럼 빼낼 수 있는 풀아웃(Pull-out) 방식의 로스터를 개발해 1846년 특허를 받았고, 이 로스터는 20여 년간 상업 로스팅계에서 큰 인기를 끌었다. 드럼은 대형 와인통 정도의 크기였다. 냉각할 때 물을 사용했기 때문에 로스팅 공장에는 다 볶아진 원두가 배출될 때마다 증기가 자욱했다고 한다. 로스팅이 완료된 후에도 드럼만 꺼내면 됐기 때문에 화로의 열을 그대로 보존한 채 작업을 이어갈 수 있었고, 그 덕에 작업 속도 또한 빨랐다. 당시 최대의 로스팅회사였던 보스턴의 드위넬-라이트(Dwinell-Wright)사를 비롯해 많은 기업이 카터 로스터를 사용했다.

보스턴의 드위넬-라이트사에 설치되어 있던 카터 로스터의 모습

드디어 현대식 드럼 로스터 등장!

현대식 드럼 로스터의 아버지는 두말할 필요 없이 자베즈 번스(Jabez Burns)다. 번스는 런던 출신으로 뉴욕에서 활발히 활동했고, 1860~70년대에 개발된 번스 로스터는 2가지 면에서 혁신적이었다.

첫째는 드럼 내부에 설치된 나선형 날개였다. 번스는 나선형의 날개가 돌아가며 원두를 뒤에서 앞으로 반복해서 옮기는 역할을 추가했다. 덕분에 열을 고르게 받아 일정한 로스팅이 가능했고, 다 볶은 원두를 손쉽게 꺼낼 수 있었다.

둘째 기술 혁신은 바로 로스팅 후 원두를 식혀주는 냉각장치였다. 뜨거운 원두 사이로 차가운 공기를 통과시켜 냉각을 돕는 장치는 번스가 1867년 설계한 로스터에 처음으로 등장했는데, 냉각 시간을 단축한 것은 물론이고 커피의 질 향상에도 도움이 되었다. 현대식 드럼 로스터에도 번스의 냉각장치와 같은 원리를 적용한 냉각통이 달려 있다.

20세기에는 로스터의 설계를 조금 바꿔 원두의 품질을 크게 향상시켰다.

로스터의 드럼을 이중으로 만들어 열을 간접적으로 전달하는 이 방식은 20세기 내내 많은 기업의 환영을 받았다. 이중 드럼은 생두의 표면이 불에 그슬리는 것을 막아주었고, 간접 가열은 드럼 내부의 과열을 막으면서도 열 전달율을 높여주었다. 커피의 품질을 향상시킨 일등공신이며, 덕분에 로스팅 속도와 결과물의 일관성, 정확성이 크게 개선되었다.

현재 드럼 로스터계에서는 독일 기업들이 선전하고 있으며, 그중 1998년 자베즈 번스사를 인수한 프로바트(Probat)사가 단연 선두주자로 꼽히고 있다. 프로바트는 드럼 로스팅에 집중해온 결과 현재 스페셜티 커피 로스팅 시장에서 큰 부분을 차지하고 있다. 1950년대 설립된 터키의 토퍼(Toper)사와 가란티(Garanti)사 역시 훌륭한 로스터를 생산하고 있으며, 네덜란드의 기센(Giesen)사 또한 마찬가지다. 미국 역시 멋진 기계를 선보이고 있는데, 디드릭(Diedrich)사의 아름답고도 전통적인 드럼 로스터와 로링(Loring)사의 자동 모델인 스마트 로스터(Smart Roaster)가 유명하다.

제1차 세계대전 당시 런던의 해머스미스(Hammersmith)에 위치한 조셉 라이언스(Joseph Lyos and Co.)사의 캐드비 홀(Cadby Hall)에서 여성 자원봉사자들이 커피를 볶고 있다.

펌프킨 스파이스 라테
Pumpkin Spice Latte

커피 재료 (최소 30잔)

- 전유 1,500ml
- 스타아니스 40g
- 육두구 가루 15g
- 흑후추 10g
- 건조 오렌지 껍질 10g
- 달걀 흰자 100g
- 설탕 500g
- 다크 럼 50ml
  (원하는 경우에만)

우유와 향신료, 오렌지 껍질을 냄비에 넣고 약한 불에서 양이 반으로 줄아들 때까지 끓인다. 건더기를 걸러내고 향신료 향이 밴 우유를 한쪽에 둔다. 큰 그릇에 달걀 흰자를 넣고 만들어둔 향신료 우유가 식기 전에 천천히 부으며 거품기로 젓는다. 마지막으로 설탕을 넣고 다 녹을 때까지 젓는다. 원하는 경우 다크 럼을 첨가하면 더 깊은 맛을 내면서 보관 기간도 늘릴 수 있다. 냉장보관시 럼을 넣은 경우에는 10일, 넣지 않은 경우에는 5일간 보관할 수 있다.

미국에서는 가을 추수감사절을 즈음해 호박으로 만든 음식을 즐기는데, 스타벅스의 펌프킨 스파이스 라테는 그때마다 미국 사람들에게 환호를 받는다. 일부에서 추수감사절 문화 중 하나로 자리잡은 것이다. 하지만 칼로리 과잉섭취가 문제되기도 한다. 사실 듣기만 해도 막대사탕과 새하얀 토끼, 달콤한 미소 같은 행복한 이미지가 떠오르는 이름이다. 그런데 막상 재료를 들여다보면 액상과당 시럽과 캐러멜 색소, 연유가 잔뜩 들어 있다.

그래도 이 음료를 마시겠다고 줄을 서는 것도 이해는 한다. 따뜻하고 달콤한 우유와 몸을 데워주는 향신료의 조합에 카페인까지! 밤늦게까지 선물 쇼핑에 동분서주하며 녹초가 된 이들에게 딱 필요한 음료 아니겠는가?

일단 기본적으로 재료 자체의 조합은 좋다. 그렇기 때문에 대충 만들어서 내놓아도 많은 이들이 열광적으로 반응하는 것이다. 그렇다면 조금 더 신경 써서 제대로 만든다면 어떨까? 그야말로 위대한 음료의 탄생이 될 것이다.

여기에서는 풍미를 좀더 살리고 열량은 낮출 방법을 찾아보려 했다. 물론 누군가는 펌프킨 스파이스 라테에서 풍미를 논하는 것 자체가 어불성설이라고 할지도 모르겠지만 말이다.

기존의 음료보다 현대적인 느낌을 주는 레시피다. 재료를 구하고 준비하는 작업이 번거로울 수 있지만 완성된 음료를 마셔보면 고생한 보람이 있다고 느낄 것이다. 다 만들고 난 후에는 큰 그릇에 한꺼번에 내도 되고 개별적으로 잔에 따라 내도 괜찮다.

음료의 특성상 에스프레소의 맛이 다른 재료의 맛에 눌릴 수밖에 없지만, 볶은 커피의 풍미를 이끌어낼 수 있도록 다크로스팅한 원두를 사용하면 좋다.

메이플 펌프킨 휘핑크림 재료 (370g)

- 휘핑크림 200ml
- 메이플시럽 30ml
- 호박씨 기름 20ml
- 크산탄 검 0.3g

크림을 믹싱볼에 넣고 전동 블렌더 등을 사용해 빠르게 젓는다. 시럽을 넣고 완전히 섞일 때까지 다시 젓는다. 그런 다음 크산탄 검을 넣고 계속 저으면서 호박씨 기름을 천천히 조금씩 넣으며 섞는다.(기름 20g을 1분 동안 천천히 나눠 넣는다고 생각하면 된다.) 적당한 용기에 옮겨 담고 냉장고에 보관한다.

향신료 혼합물 재료

- 계피 가루 2g
- 흑후추 1g
- 메이스 가루 1g
- 생강 가루 1g
- 소금 0.5g

모두 섞어 분쇄기나 믹서로 갈아 밀폐 용기에 보관한다.

펌프킨 스파이스 라테 혼합 비율

- 펌프킨 스파이스 소스 30ml
- 갓 내린 에스프레소 30ml
- 전유 180ml

펌프킨 스파이스 소스와 에스프레소를 잘 혼합한 후 스티밍한 우유를 위에 얹는다. 메이플 펌프킨 휘핑크림을 스푼으로 떠서 조심스럽게 올린다. 마지막으로 갈아놓은 향신료 혼합물을 살짝 뿌려 마무리한다.

05

천상의 인연,
에스프레소 & 우유

커피가 우유를 만나면 카페인과 수분이 동시에 충족되고, 온도도 적당해지고, 또 보다 풍족하게 즐길 수 있게 된다. 이렇게 환상의 궁합을 자랑하는 커피와 우유! 인류는 언제부터, 그리고 왜 이 둘을 함께 마시기 시작했을까?

커피의 진한 영혼,
에스프레소

커피의 정수라고 할 수 있는 것이 바로 에스프레소다. 에스프레소는 커피의 맛을 복잡하면서도 농축적으로 보여준다. 다른 방식으로 제조한 커피에서는 찾아볼 수 없는 독특한 바디감과 질감이 특징이다.

에스프레소가 없던 시절은 어땠을까?

에스프레소(Espresso)가 등장하기 전, 원래 커피 추출은 시간이 꽤 걸리는 작업이었다. 요즘에는 맛있는 커피를 위해서라면 조금 기다려도 괜찮다고 생각하는 사람들이 많지만, 예전에는 그 과정을 인내심 있게 기다려주는 소비자가 그리 많지 않았다. 그래서 카페들은 주문을 빨리 소화하기 위해 커피를 미리 잔뜩 추출해두었다가 데워서 내주거나 불 위에 따뜻하게 올려두었다 따라주었다. 요즘에야 (에스프레소 머신만큼은 아니어도) 커피를 더 빠르게 추출하는 장비들이 많지만, 그러한 장비의 도움을 받을 수 없었던 20세기 초에는 시커먼 잿물처럼 오래 달여낸 것 같은 과추출된 커피를 마시는 수밖에 없었다.

카페에서 주문을 받을 때마다 커피를 추출해 팔기 위해서는 1분 이내에 1잔을 추출할 수 있는 방법이 필요하다. 추출 시간을 단축하기 위해서는 어떻게 해야 할까? 원두를 더 작게 분쇄해 표면적을 넓혀주면 물과 접촉이 원활해져 원두에서 커피 성분이 더 빨리 추출된다. 커피 입자가 작아질수록 추출은 빨라져서 좋지만, 입자를 걸러내기 위해서는 더 고운 필터를 써야 한다. 그런데 필터가 고와지면 물이 잘 내려가지 않는다. 중력의 힘만으로는 물이 촘촘한 커피층을 뚫고 지나가기 어렵기 때문이다.

에스프레소, 커피를 더 빠르고 더 쉽게!

커피를 빠르게 추출하는 유일한 답은 압력이다. 추출시 사용하는 물에 압력을 가해 곱게 간 커피 가루의 촘촘한 층을 통과하게 만드는 것이다. 이런 방식으로 만들어지는 것이 바로 에스프레소다.

에스프레소는 물이 금속 필터를 통과해 곱게 분쇄된 원두를 만나 커피액을 뽑아낸 결과물이다. 이때 (중력이 아닌) 압력을 이용해 물을 통과시키기 때문에 곱게 분쇄한 원두를 써도 균형 잡힌 추출을 할 수 있다.

여기서 얻을 수 있는 또 다른 장점은 무엇일까? 바로 속도다. 원두를 곱게 분쇄하면 물과 접촉하는 표면적이 기하급수적으로 증가하므로 추출 시간이 짧아도 충분한 커피액을 뽑아낼 수 있다. 더 나아가 추출시의 높은 압력 덕분에 물이 원두의 안쪽까지 침투해 평범한 여과식으로는 뽑아낼 수 없는 지방 성분이나 용해 당분(Dissolving Sugar)까지도 추출한다.

완벽한 에스프레소가 주는 감동을 느껴보자

잘 추출된 에스프레소에서는 다양한 향미의 균형을 느낄 수 있다. 잘 정돈된 쓴맛과 산뜻한 산미, 그리고 혀에 남는 달콤함까지. 우리가 커피를 만들면서 목표로 삼는 바로 그 맛이다.

향미의 추출 시점은 원두마다 다르기 때문에 훌륭한 에스프레소를 얻기 위해서는 맛을 봐가며 추출 시간을 설정해야 한다. 이해를 돕기 위해 일반적으로 말하자면, 라이트로스팅한 케냐 커피의 경우 30초보다 조금 길게 추출해 산미를 잡아주면 좋고, 다크로스팅한 브라질 커피의 경우 추출 시간을 조금 짧게 해 쓴맛을 잡아주면 좋다.

Barista's Tip
한 번에 추출해내는 더블샷의 무게는 30~45g이며, 추출 완료까지 걸리는 시간은 대략 25~35초다. 물론 원두의 입자 크기나 로스팅 정도에 따라 추출 시간은 달라진다.

대개의 경우 먼저 추출되어 나오는 것은 신맛이다. 과소 추출된 에스프레소가 시게 느껴지는 것은 이 때문이다. 그다음에는 단맛이 추출된다. 사실 로스팅한 원두에는 당 성분이 많이 남아 있지 않기 때문에 우리가 에스프레소에서 느끼는 단맛은 실제 당분의 존재로 인한 단맛이라기보다는 바디감이나 농밀한 질감에서 오는 달콤한 풍미에 가깝다고 할 수 있다. 단맛 다음에는 쓴맛이 추출된다. 여운이 긴 쓴맛은 에스프레소 맛의 균형을 잡아주지만 과다 추출시에는 다른 맛을 덮어버릴 수 있다.

그렇다면 커피의 향, 아로마는 어떨까? 아로마는 그 다양한 향으로 에스프레소에 개성을 부여하는데, 맛과는 달리 바리스타가 특정 아로마를 선택적으로 추출하는 것은 불가능하다. 커피잔에 담긴 아로마는 바리스타의 역량이 아니라 커피 재배 농가와 로스터의 역량으로 결정된다. 단, 바리스타는 추출시 맛 성분에 변화를 주어 아로마에 어느 정도 영향을 미칠 수는 있다. 예를 들어 오렌지 향이나 자몽 향을 지닌 원두의 경우 신맛을 강조하면 과일 향 그대로의 상큼함을, 달곰쌉쌀한 맛을 강조하면 달콤함이 추가된 오렌지 초콜릿이나 자몽 마멀레이드 향을 느끼게 된다.

고소한 원두 크림, 크레마

흔히들 에스프레소의 필수 요소로 표면을 덮은 갈색의 크레마(Creama, 크림을 뜻하는 이탈리아어)를 꼽는다. 많은 사람들이 크레마를 그토록 중요하게 생각하는 것은 그것이 에스프레소의 질을 보여주는 척도라고 믿기 때문이지만, 사실 꼭 그렇지만은 않다. 그 이유를 이해하기 위해서는 우선 크레마가 실제로 무엇인지 살펴볼 필요가 있다.

어떤 방식으로 추출하든 분쇄한 원두에 물이 닿으면 이산화탄소가 배출된다. 이러한 현상은 드립커피 제조시에 원두가 빵처럼 부풀어오르는 것에서도 알 수 있다. 에스프레소 추출시 크레마가 형성되는 것은 강한 압력 때문이다. 고압의 추출액은 커피층을 통과해 배출구로 나오면서 급격한 압력 저하를 경험하게 되는데, 이 순간 추출액 속에 녹아 있던 이산화탄소가 기포를 형성해 부피를 증가시킨다. 추출 초반에 잔이 빠르게 차오르는 것은 바로 이 때문이다.

기포가 터지지 않고 유지되려면 계면활성제(액체의 표면장력을 감소시켜주는 역할을 하는 물질) 역할을 해줄 것이 필요한데, 처음 형성된 기포는 이를 찾지 못한 채 사라져버린다. 에스프레소에서 계면활성제로 작용하는 것은 로스팅시 마이야르 반응으로 생겨나는 멜라노이딘(Melanoidin)이라는 물질이다. 멜라노이딘은 이산화탄소 기포를 둘러싸고 표면장력을 감소시켜 안정적인 거품을 만들어준다. 사실 추출 후의 에스프레소는 거품이 정돈된 후의 기네스 맥주와 아주 유사한 모습인데, 이는 우연이 아니다. 기네스를 비롯한 흑맥주의 거품 또한 보리를 로스팅하는 과정에서 생긴 멜라노이딘 덕분에 형성되는 것이기 때문이다.

추출 후 얼마간의 시간이 흐르면 크레마는 소멸되기 시작한다. 이는 크레마의 거품에 섞여 있던 가스가 휘발하는 것으로, 모든 거품에서 볼 수 있다.

일반적으로 잘 추출한 에스프레소일수록 크레마가 오래가는 경향이 있으므로 크레마의 지속성은 에스프레소의 품질을 판단하는 하나의 기준이 될 수 있다. 실제로 과소 추출된 에스프레소에는 크레마가 더 적게 형성되며 그마저도 빠르게 소멸된다. 이는 추출 시간이 짧아 이산화탄소가 충분히 녹아나오지 못했기 때문이다. 함유된 이산화탄소의 양 자체가 적은 오래된 원두도 크레마를 많이 형성하지 못한다. 크레마가 빈약한 에스프레소를 의심해봐야 하는 이유다.

크레마를 보며 에스프레소의 농도를 판단하는 것도 가능하다. 크레마는 거품의 형태를 하고 있기는 하지만, 사실 거품에 섞여 있는 액체는 그 아래에 있는 커피와 크게 다르지 않다. 물론 거품 때문에 빛이 굴절되어 훨씬 더 밝은

1 추출 초반, 이산화탄소 기포가 추출액의 부피를 팽창시키며 잔을 채운다.
2 추출을 마친 에스프레소가 자리를 잡으며 크레마가 위로 떠오르고, 잠시 후 거품 속 액체 성분이 빠져나가기 시작한다.
3 1분 내외의 시간이 흐르면 가스가 빠져나가며 음료의 부피가 줄어든다.

색을 띠기는 하지만 추출된 에스프레소의 색깔을 따라갈 수밖에 없다. 커피의 농도가 짙을수록 색깔도 짙어지고 따라서 크레마의 색깔도 짙어진다.

크레마에 대한 선호는 사람마다 각기 다르지만, 크레마가 어느 정도 에스프레소에 부드러운 느낌을 부여하는 것은 맞다. 확실히 고운 거품이 덮인 모양을 보면 부드러워 보이고, 마신 후 입 안에 남는 감촉 또한 부드럽다. 그런 의미에서 크레마를 단순히 맛의 관점에서만 볼 것이 아니라 시각, 촉각 등 여러 감각을 통해 에스프레소를 더욱 잘 느끼게 해주는 매개체로 보는 것은 어떨까 싶다.

에스프레소 머신
100년의 역사

에스프레소 머신은 20세기 중반 이후 보일러와
전자 온도조절 장치, 압력조절 장치, 디자인 등에서 다양하게
변화했다. 하지만 변함없는 부분도 있다. 바로 물에
압력을 가해 커피를 추출하는 방식이다.

에스프레소 머신의 시작은 미국이 아닌 독일

모든 커피가 다 마찬가지겠지만, 에스프레소 제조에서도 가장 중요한 것은 바로 추출이다. 문제는 에스프레소의 추출 과정이 아주 빠르고 격렬하다는 것이다. 그 짧은 시간에 여러 요소를 조절해 최상의 에스프레소를 뽑아내는 것은 마치 30초 만에 완벽하게 샤워를 하는 것과 같은 일이다. 이런 문제를 해결하기 위해 에스프레소 머신은 변화에 변화를 거듭해왔다.

19세기 후반 유럽과 미국은 100여 년 전 발명된 증기기관에 푹 빠져 있었고, 이를 수많은 분야에 활용했다. 커피 제조도 예외는 아니었다. 에스프레소 머신의 전신이라고 할 수 있는 기계의 효시는 1878년 (놀랍게도 이탈리아가 아닌) 독일의 구스타프 케셀(Gustav Kessel)이 제출한 특허에서 찾아볼 수 있다. 케셀의 설계도를 살펴보면 이 기계는 증기압을 이용해 커피 원두를 채운 작은 필

터 사이로 물을 통과시켜 커피를 추출하는 방식이었다. 제조 후에는 커피 찌꺼기가 담긴 필터에 강한 증기를 뿜어 청소까지 손쉽게 가능하도록 했다. 1잔 분량의 커피를 효과적이고 빠르게 만들 수 있는 훌륭한 방법이었지만 정작 이런 기계를 현실화하기는 어려웠다.

최초의 에스프레소 머신, 이데알레

오늘날 우리가 마시는 에스프레소의 원형을 만든 주인공은 루이지 베제라(Luigi Bezzera)와 데지데리오 파보니(Desiderio Pavoni)다. 이 둘은 이탈리아 커피계의 스티브 잡스라고 해도 과언이 아니다.

처음 아이디어에 착안한 것은 베제라였다. 베제라가 디자인한 '이중 탭의 대형 기계(Giant Type with Double Tap)'는 처음으로 포터필터(Portafilter, 분쇄된 커피를 담는 필터 바스켓을 올리는 기구)를 장착한 제품이었다. 레버를 사용해 기계를 제어할 수 있었고, 여러 개의 추출 헤드를 갈아 끼울 수도 있었다. 베제라는 성공적으로 기계를 만들어 냈지만 홍보 부족 탓인지 이 제품은 널리 퍼져나가지 못했다.

포터필터

이때 나타난 사람이 바로 파보니다. 1903년, 베제라가 만든 추출기에서 가능성을 본 파보니는 1만 리라에 베제라의 특허를 사들였고, 둘은 함께 사업에 뛰어들었다. 파보니의 아이디어로 압력 배출 밸브를 장착해 바리스타에게 증기가 너무 많이 가지 않도록 조절할 수 있게 되었고, 스팀 완드(Steam Wand, 증기를 분출시키는 부분)를 장착해 기계 내부에 축적된 열을 활용해 우유를 데울 수 있게 되었다.

베제라와 파보니는 이 기계로 만든 커피에 '카페 에스프레소(Cafeé Espresso)'라는 이름을 붙였다. 에스프레소는 '빠르다'는 뜻의 이탈리아어로, 순식간에 만들어지는 커피라는 뜻이었다. 개선을 거쳐 완성된 기계에는 '이데알레(Ideale)'라는 이름을 붙여 밀라노 박람회에 출품했다. 이데알레는 당시의 다른 증기압 추출기처럼 1.5바(bar, 압력의 단위) 정도의 압력까지 만들어낼 수 있었는데, 이는 사실 압력솥보다 조금 높은 정도였다. 이 정도의 압력으로는 지금 우리가 마시는 농도의 에스프레소를 추출할 수 없었으므로 당시 이 기계로 추출한 음료는 현대적인 기준에서 에스프레소라고 하기는 어려웠다. 그 후 약 40년간 에스프레소 머신은 이 기계에서 크게 변하지 않았다.

커피 세계를 뒤흔든 가찌아의 에스프레소 머신

에스프레소가 본격적으로 유행하기 시작한 것은 에스프레소 전도사 피에르 테레지오 아르두이노(Pier Teresio Arduino)가 등장한 이후부터다. 아르두이노도 베제라와 같은 시기에 에스프레소 머신을 개발하고 연구했는데, 기계 발전보다는 에스프레소 홍보와 보급에 세운 공이 훨씬 크다. 아르두이노는 수동 피스톤 장치를 통해 추출 압력을 높이는 방법을 궁리했다.

1930년대 이탈리아의 발명가인 마르코 크레모네시(Marco Cremonese) 또한 증기압 대신 피스톤을 사용하는 다양한 에스프레소 머신을 설계하고 이에 대한 특허를 신청했다. 1936년 크레모네시가 죽자 아내인 로제타 스코사(Rosetta Scosa)가 그의 설계를 들고 여러 에스프레소 머신 제조업체를 찾았으나 선뜻 이를 사용하겠다고 나서는 업체가 없었다. 이때 스코사가 찾아간 사람들 중 하나가 바로 밀라노에서 카페를 운영하던 지오바니 아킬레 가찌아(Giovanni

Achille Gaggia)였다.

가찌아는 스코사가 들고 온 설계도를 응용해 1938년 '회전식 피스톤'으로 특허를 내고 일부 기계에 이 방식을 적용했는데, 제2차 세계대전이 터지며 잠시 행보가 중단되었다. 전쟁이 끝난 후 그를 기다리고 있던 것은 스코사의 고소였다. 스코사는 특허 침해로 가찌아를 고소해 승소했고, 가찌아도 수동식 피스톤의 기본적인 설계와 안정성에 점차 의문을 품고 관심을 잃어가던 터라 이참에 새로운 기계를 설계하는 데 몰두했다. 그 결과 지금 우리가 그토록 좋아하는 바로 그 에스프레소를 추출할 능력을 지닌 에스프레소 머신을 개발하게 되었다.

이 성공을 가능하게 한 것은 바로 스프링 피스톤의 개발이었다. 가찌아는 압력을 높이기 위해 스프링을 사용했다. 레버를 눌러 스프링을 압축한 다음 레버를 놓으면 스프링이 강한 힘으로 튕기며 피스톤을 누르게 되고, 그 압력으로 분출된 뜨거운 물이 곱게 간 원두 가루를 통과하며 커피가 추출되는 방식이었다. 여기서 스프링의 강도가 강할수록 압력이 높아지고 더 고운 원두 입자를 사용할 수 있게 된다. 이때 추출 속도는 빨라지고 추출되어 나오는 커피의 양은 줄어든다.

가찌아는 스프링 피스톤을 사용한 시제품을 1947년에 내놓았고, 이는 최초의 현대적인 에스프레소 머신이 되었다. 가찌아가 발명한 레버식 머신은 지금도 여전히 많은 카페에서 찾아볼 수 있고, 더 새롭고 편리한 에스프레소 머신보다 이 레버식 에스프레소 머신을 고집하는 바리스타들도 있다. 우리가 지금 크레마라고 부르는 갈색의 크림 층이 형성된 것도 이때다. 이 새로운 커피는 어디에서도 보지 못한 독특한 맛을 선사했고, 이를 맛본 많은 사람들은 커피가 이런 맛을 낼 수 있다는 것을 믿기 어려워했다.

가찌아 에스프레소 머신의 초기 모델 중 하나. 가찌아는 커피 세계를 바꿔놓았다고 해도 과언이 아니다.

이탈리아의 에스프레소 바에서 사용 중인 빅토리아 아르두이노의 동 도금 제품

전동펌프, 바리스타를 자유롭게 하다

에스프레소 머신은 1961년 에르네스토 발렌테(Ernesto Valente)가 발명한 페마 E61(Faema E61)의 등장으로 또 한 번 변환점을 맞이하게 된다. 그중 가장 큰 혁신은 전동펌프의 사용이었다. 전동펌프를 사용하게 되면서 바리스타는 힘들여 레버를 당길 필요가 없어졌고 기계의 크기 자체도 훨씬 작아졌다. 펌프는 보일러 내부에 있는 열선을 통해 물을 가열하고 이를 그룹헤드(Group Head, 샷 추출을 위해 포터필터를 장착하는 부분. 이곳을 통해 가열된 물이 배출된다)로 보낸다. 이 외에도 E61은 보일러의 뜨거운 물을 지속적으로 그룹헤드에 순환시켜 기계의 온도가 유지될 수 있도록 했다.

달콤쌉쌀한 에스프레소,
검은 영혼의 탄생

향미는 원두마다 다르기 때문에 최고의 커피를 얻기 위해서는
맛을 봐가며 추출 시간을 설정해야 하지만, 대략적인 기준은 존재한다.
하지만 모든 커피의 원형이 된 에스프레소의 과정을 알면 커피
특유의 성질과 재미를 좀더 느껴볼 수 있을 것이다.

물의 온도 맞추기

모든 커피 제조법이 그렇듯 에스프레소 추출시에도 물의 온도는 맛에 영향을 미친다. 그러나 추출을 처음 시작하는 단계라면 온도보다는 다른 요소에 더 신경을 쓰는 것이 바람직하다. 일반적으로 다크로스팅한 원두는 낮은 온도(90~92℃)에서, 라이트로스팅한 원두는 높은 온도(93~95℃)에서 추출하는 것을 원칙으로 한다.

원두를 담고 정돈하기

우선 깨끗한 필터 바스켓에 추출을 원하는 분량의 분쇄원두(14~22g)를 담는다. 정확한 양은 일차적으로 필터 바스켓의 크기에 따라서 달라지지만 추

출할 에스프레소의 양과 강도에 따라서도 달라질 수 있다.

원두를 바스켓에 너무 가득 채우면 그룹헤드에 장착되지 않고, 너무 적으면 추출시 물과 원두가 섞여버린다. 추출 전에 바스켓에 담은 원두를 고르게 정돈해주는 것도 좋다.

탬핑

바스켓에 원두를 담고 평평하게 해주는 작업이다. 탬핑(Tamping)의 첫째 목적은 바스켓에 담긴 원두 가루를 고르게 펴주는 것이다. 분쇄기로 막 분쇄한 좋은 원두 가루는 공기를 머금어 폭신폭신하게 쌓이므로 탬핑을 통해 공기를 제거하고 균일한 추출이 이루어질 수 있도록 단단하게 다져줘야 한다. 이렇게 다져준 바스켓 속의 원두는 케이크 모양을 닮았다고 해서 커피 케이크(Coffee Cake), 혹은 아이스하키에 쓰는 퍽을 닮았다고 해서 커피 퍽(Coffee Puck)이라고 한다.

사실 탬핑이 맛에 영향을 미치는 아주 중요한 작업은 아니다. 단지 에스프레소 추출에서 유일하게 사람의 손으로 할 수 있는 동작이기 때문에 좀더 큰 의미를 부여하는 건지도 모른다.

프리인퓨전

그룹헤드에서 소량의 물을 주입해 원두를 골고루 적셔주는 작업이다. 프리인퓨전(Pre-infusion)은 원두가 물과 처음으로 접촉하는 과정으로, 필요한 시간은 대략 3~10초다. 추출의 시작을 알리는 프리인퓨전은 단거리 달리기 전

저울 위에 필터 바스켓을 올리고 영점을 재설정한 후 원두 가루를 넣고 무게를 재면 추출에 사용하는 커피의 무게를 손쉽게 측정할 수 있다.

탬핑은 균일한 추출을 돕기 위해 필터 바스켓 속의 원두 가루를 단단히 다져주는 작업이다.

에 몸을 풀어주는 과정이라고 생각하면 된다. 이 과정을 통해 필터 바스켓에 탬핑한 원두의 밀도가 다시 한 번 고르게 정돈된다. 바스켓 속의 커피층이 물을 빨아들이며 팽창하면 내부에 남아 있던 공기가 바스켓 밖으로 밀려나간다.

프리인퓨전의 압력이나 시간을 제대로 조절하는 것은 결코 쉬운 일이 아니지만, 이 기술을 터득하면 추출되어 나오는 커피의 맛을 더욱 잘 제어할 수 있다.

추출

그럼 이제 진짜 추출(Extraction)에 들어갈 시간이다. 이 단계에서는 드디어 압력을 받아 포터필터의 추출구로 흘러나오는 에스프레소를 볼 수 있다.

에스프레소의 맛을 잘 살리기 위한 추출 시간은 보통 25~35초이며, 구체적인 시간은 커피의 종류에 따라 달라진다. 추출되어 나오는 에스프레소의 무게는 사용한 원두의 무게와 동량(추출 비율 1:1)에서 3배(추출 비율 1:3) 사이여야 한다.

다크로스팅 원두일수록 추출 비율을 낮게 잡는 것이 보통인데, 이를 통해 부족한 바디감을 극복할 수 있기 때문이다. 추출이 너무 단시간에 급하게 이루어질 경우 과소 추출되어 시큼한 맛이 나고, 시간을 너무 끌 경우 과다 추출되어 쓴맛과 떫은맛이 강해진다.

추출이 중반부쯤에 다다르면 샷의 색깔이 묽어지는 블론딩(Blonding) 현상이 나타나는데, 일반적으로 이는 원두 내의 좋은 성분이 거의 다 추출되었음을 알리는 신호다. 그러나 추출의 후

바닥이 노출된 형태의 보텀리스 포터필터(Bottom-less Portafilter)로 비현실적일 만큼 아름다운 에스프레소가 추출되고 있다.

반부에서만 뽑아낼 수 있는 좋은 향미 성분도 분명 존재하므로 초반에 나타나는 진갈색의 농밀한 액체에만 집착할 필요는 전혀 없다.(물론 그 매력은 필자도 인정한다.)

재료 (1잔)

- 카스카라 12g
- 온수 500ml

찻주전자나 프렌치프레스가 좋지만 일반 주전자에 추출한 후 거름망으로 걸러도 된다. 이때 추출 비율은 카스카라 24g에 물 1리터가 좋다.

필자는 런던의 한 카페에서 2008년에 처음 카스카라를 마셨다. 원두를 로스팅하는 곳에서 커피가 아닌 음료를 내와서 의아했지만 우선 잔에 담긴 따뜻한 장밋빛 차를 한 모금 마셨다. 마치 들장미 열매와 피망, 수박을 섞어놓은 듯한 맛이 났다. 독특한 식물 특유의 향이 나면서 과일의 상큼함과 달콤함이 동시에 느껴졌다. 직원에게 차가 무엇인지 묻자 말린 커피 열매 과육으로 만든 카스카라라고 알려주었다.

원래 커피 과육은 정제가 끝나면 퇴비 더미와 함께 모아두었다가 비료로 사용하는 것이 일반적이다. 그러나 카스카라(스페인어로 '껍데기'를 의미)도 잘만 가공하면 원산지와 품종에 따른 특성을 고스란히 담은 훌륭한 음료로 태어날 수 있다.

카스카라를 마셨을 때 나타나는 가장 흥미로운 증상은 바로 갑작스런 카페인의 공습이다. 사실 카스카라도 커피 열매로 만든 것이니 카페인이 함유되어 있는 것이 당연한데, 필자의 경우 갑자기 카페인이 너무 강하게 느껴져서 깜짝 놀랐다. 그런데 사실 카스카라의 카페인 양은 같은 양의 커피를 마셨을 때의 절반가량이라고 한다.

왜 카스카라는 커피만큼 널리 퍼지지 않았을까? 적어도 공급이 부족할 일은 없었을 것 같은데 말이다. 사실 볼리비아에서는 카스카라를 술타나(Sultana)라고 부르며 인기도 꽤 높은 편이다. 예멘에서도 키쉬르(Qishr)라는 이름으로 많은 사람들이 즐기고 있는데, 옛날 예멘에서 커피 열매를 씹어 섭취하던 관습과 관련이 있을 가능성이 높다. 카스카라는 열매를 큰 조각으로 말려서 우려내기 때문에 걸러낼 수 있지만, 예멘의 키쉬르는 좀더 곱게 분쇄해 우려낸 뒤 향신료를 첨가해 마신다.

차처럼 우려 마시는 것 외에도 카스카라를 활용할 수 있는 방법은 많다. 시럽으로 만들어서 탄산수에 타 먹으면 상쾌한 탄산음료가 될 수 있고, 귀리 가루와 꿀을 섞어 구우면 에너지와 카페인을 동시에 보충할 수 있는 간식이 된다. 카스카라 젤리를 만들어서 커피를 테마로 한 파티에서 사용해도 좋겠다.

천국이 맺어준 인연,
에스프레소 & 우유

사실 에스프레소 기계가 복잡해진 데는
우유의 탓도 있다. 에스프레소와 우유의 궁합이 너무 훌륭하다 보니
에스프레소를 추출할 물과 우유를 데울 증기를 함께
만들 수 있는 기계가 필요했던 것이다.

담백함과 짙은 맛의 만남

커피의 과일 향과 캐러멜 향, 초콜릿 향 등은 우유의 부드러운 풍미와 만나 긴 여운이 남는 감미로운 느낌으로 살아난다. 에스프레소와 우유를 조합해 만든 음료는 하루에 필요한 영양소를 채워주는 훌륭한 간식이 되기도 한다.

에스프레소와 우유의 조합은 그야말로 무궁무진하다. 밀크셰이크에 에스프레소를 섞은 음료가 있는가 하면, 에스프레소 위에 우유거품을 살짝 얹은 것도 있고, 잔 내부를 우유로 살짝 적셔 에스프레소의 강한 맛을 잡은 음료도 있다.

요즘 시중 카페에서 판매하는 음료를 보면 커피에 비해 지나치게 우유를 많이 넣는 것이 보통이다. 실제 일부 프랜차이즈 커피전문점에서는 우유를 왕창 넣고 단맛의 시럽을 곁들인 음료를 판매하고 있다. 물론 커피의 맛에 신

경 쓰는 좋은 카페에서도 우유는 널리 사용된다. 이러나 저러나 우유가 커피의 맛을 섬세하고 정교하게 하는 역할을 톡톡히 해내는 것은 맞다.

인류는 왜 커피에 우유를 넣어 마셨을까?

인류가 커피와 우유를 함께 즐겨온 역사는 300년을 넘어간다. 커피에 우유나 크림을 넣어 마시는 풍습은 18세기 초에 시작되었다. 그러나 맛을 위해서 넣은 것은 아니고 주로 어린이와 노인, 혹은 병자에게 영양을 공급하기 위한 것이었다. 홍차에 우유를 넣는 풍습 또한 비슷한 시기에 비슷한 이유로 시작되었다. 당시 사람들은 주로 몸이 으슬으슬할 때 커피에 우유를 넣어 마셨고, 좀더 부드러운 맛을 위해서는 크림을 넣기도 했다.

1727년 영국의 역사가 제임스 더글라스(James Douglas)는 많은 사람들이 커피의 쓴맛에 거부감을 느껴 설탕이나 우유를 넣어 마시는 것을 선호한다는 기록을 남겼다. 로렌스 스턴(Laurence Sterne)이 1760년 발표한 희극 소설 《트리스트럼 샌디(Tristram Shandy)》에 등장하는 주인공 샌디는 하루에 밀크커피를 2잔씩 마신다. 스턴은 소설 속에서 밀크커피는 정말 맛 좋은 음료지만 반드시 우유와 커피를 같이 끓여 만들어야 하며, 안 그러면 그저 커피와 우유일 뿐이라고 말한다.

사실 우유를 끓였을 때 나는 맛은 딱히 매력적이지 않다. 커피와 만났을 때 비로소 매력을 발한다. 앞서 소개한 바와 같이 커피와 우유 조합은 일찍부터 존재했지만, 맛을 위한 커피와 우유의 진정한 조화는 20세기 중반 에스프레소 머신의 보급 이후 이루어졌다고 생각한다.

에스프레소 & 우유가 주는 3배의 행복

에스프레소와 우유의 조합이 큰 인기를 끈 데는 3가지 이유가 있다.

첫째로 에스프레소에 우유를 넣어 마시면 카페인과 수분, 2가지를 동시에 충전할 수 있다. 에스프레소에 우유를 타면 목으로 넘어가는 느낌도 훨씬 부드러워지고, 바쁜 이들에게는 아침식사를 대신하는 든든함도 줄 수 있다.

둘째, 따뜻한 우유는 뜨거운 커피를 조금 식혀주는 역할을 한다. 전통 방식으로 만든 이탈리아식 카페라테 등의 음료는 입 안을 데일 염려 없이 마음껏 마실 수 있다.

마지막은 경제적인 이유다. 아무리 카페인과 향미 성분이 농축되어 있다고 하지만, 기껏해야 25ml가 될까 말까 하는 에스프레소의 가격이 몇 달러라면 비싸게 느껴질 수 있다. 하지만 우유를 넣어 양을 늘린다면? 그만큼 시간을 들여 음미하며 마실 수 있으므로 덜 손해 보는 느낌이 든다. 에스프레소는 바에 기댄 채 후딱 마시고 나가는 형식의 음료지만, 여기에 우유를 조합하면 자리에 앉아 느긋하게 마시는 음료가 된다. 카페 입장에서도 음료와 함께 먹을 빵이나 케이크, 도넛 등을 같이 판매할 수 있으므로 이익이 된다.

이러니 에스프레소와 우유의 조합은 모두에게 기쁨을 주었다 해도 과언이 아니다.

에스프레소를 부드럽게 하는 우유의 ABC

목장에서 바로 짜 마시는 우유를 제외하고 우유는 대부분 살균 처리를 거친다. 살균을 통해 박테리아의 99.999%를 제거하면 우유의 유통기한이 최소 3일에서 최대 3주까지 늘어난다.

시판 중인 우유는 대부분 균질화 과정을 거친다. 우유를 아주 가는 파이프로 통과시켜 지방을 잘게 부숴주는 것인데, 지방입자가 작아지면 우유 속의 단백질이 지방 성분을 더 잘 잡아두어 시간이 흘러도 우유의 크림층이 분리되지 않는다.

우유 속에 지방이 많으면 매끈하고 고른 거품을 만들 수 있고, 음료의 맛 또한 한층 풍성해진다. 지방이 꺼려진다면 무지방, 혹은 저지방 우유를 선택할 수도 있지만, 개인적으로 지방 1~2g을 덜 섭취하자고 맛을 포기하는 건 애석한 일이라고 생각한다.

어두운 갈색의 커피에 새하얀 크림이 구름처럼 퍼지고 있다.

따뜻하고 부드럽게! 스팀밀크

잘 만들어진 스팀밀크는 미세한 기포와 따뜻한 우유의 조합으로, 은은한 단맛에 질감이 가벼워야 한다. 애석하게도 시중의 많은 카페에서 우유를 지나치게 데우는 경향이 있고, 최악의 경우 태우는 일도 허다하다. 탄 우유를 사용하면 당연히 음료에서도 탄 맛이 느껴지게 된다.

우유를 탄 커피 음료는 너무 뜨겁지 않게 마셔야 최상의 맛을 즐길 수 있는데, 맛이야 어찌됐든 커피는 무조건 뜨거워야 한다는 완고한 생각을 지닌 사람들도 많다. 우유와 에스프레소 조합 음료의 적절한 온도를 지키기 위해서는 우선 우유를 과하게 가열(70℃ 이상은 곤란)하지 않는 것이 가장 중요하고, 완성된 음료의 온도가 손실되지 않도록 미리 예열한 커피잔에 담아 식기 전에 마시는 것이 중요하다.

폭신폭신 우유거품

우유를 거품으로 만들어주는 것은 지방이 아니라 단백질이다. 달걀 흰자로 거품을 내어 머랭을 만드는 것도 마찬가지다. 우유를 가열하면 원래는 스프링 모양이던 단백질이 풀어지며 거품을 내기 좋은 형태로 변형되기 시작한다.

금방 만든 카푸치노에는 풍성하고 부드러운 거품층이 고르게 올라가 있다. 그러나 몇 분만 지나면 거품은 꺼지기 시작하고 우유가 녹아들어 묽어진 커피 위에는 성긴 거품만 남게 된다. 물론 대부분은 이런 카푸치노도 별 불만 없이 마시긴 하지만, 거품과 액체의 분리가 시작되지 않은 신선하고 부드러운 카푸치노를 맛보고 나면 분명 생각이 바뀔 것이다.

그렇다면 우유거품은 어떻게 낼 수 있을까? 우유는 늘 냉장고에 보관해야 한다. 신선도 때문이기도 하지만 주된 이유는 온도를 낮게 유지하기 위해서다. 낮은 온도에서 스티밍(Steaming)을 시작하면 상온에서 시작하는 것보다 목표 온도에 늦게 도달하므로 스티밍 작업을 더욱 여유롭게 진행할 수 있다. 또 우유를 담는 용기는 두께가 적당히 두꺼워야 열이 용기 벽에 흡수되어 온도가 천천히 올라간다.

그리고 한번 가열한 우유는 재가열하지 않는 것이 좋은데, 단백질이 이미 변형되어 거품이 제대로 형성되지 않을뿐더러 맛도 그리 좋지 않기 때문이다.

1. 피처에 절반이 조금 넘도록 우유를 채운다. 앞서 언급한 바와 같이 우유는 재가열하지 않는 것이 좋으므로 남지 않도록 필요한 만큼만 사용한다. 스팀 완드 내부에 물이 고여 있을 수 있으므로 스팀을 한 번 빼준다.

2. 스팀 완드 끝부분의 팁이 우유에 살짝 잠기게 담그고 스팀 밸브를 최대로 개방한다. 우유의 양이 아주 적다면 스팀 배출을 조금 줄여준다.

3. 피처의 가장자리를 따라 소용돌이 모양의 흐름이 형성되게 하면서 공기를 주입해나간다.(사진 A)

4. 공기 주입량을 늘리기 위해서는 "치익" 하는 소리가 날 정도로만 스팀 팁을 우유 표면에서 살짝 떼어준다. 이때 거친 거품이 생기지 않도록 주의한다.

5. 40℃가 될 때까지 우유를 회전시킨다. 이 시점에 도달하면 우유 속의 지방 때문에 거품 형성 속도가 느려진다.

6. 스팀 완드를 더 깊게 담그고 65℃가 될 때까지 계속 회전시킨다.(사진 B)

7. 재빨리 스팀 완드를 잠근 뒤 피처를 탁탁 쳐 표면의 거친 거품을 없앤다.

8. 내부의 거품이 잘 섞이도록 피처를 짧게 빙빙 돌린다. 완료된 즉시 사용한다.

부드럽게, 고소하게!
천상의 레시피

우유는 에스프레소의 강한 맛을 부드럽게
완화해주는 역할을 한다는 점에서 둘은 그야말로
천생연분이라고 할 수 있다. 우유와 커피의 환상적인
궁합이 실현된 대표적인 제조법들을 소개한다.

부드럽게 카페인을 즐기고 싶을 땐 카페라테

이탈리아의 카페에 가서 라테를 주문하면 흰 우유를 1잔 가져다줄 확률이 높다. 라테(Latte)는 이탈리아어로 그냥 '우유'를 뜻하는 단어이므로, 커피를 넣은 음료를 마시고 싶다면 반드시 "카페라테"라고 주문하자.

카페라테는 알다시피 에스프레소에 따뜻한 우유를 섞은 음료로, 너무 강한 커피 맛은 피하면서도 카페인을 충전하고자 하는 이들을 위해 태어났다. 카페라테는 카푸치노보다 큰 잔에 담는 게 보통이며, 우유거품의 양은 조금 적다. 그러나 둘 다 커피보다 우유의 비율이 높은 연한 맛이고, 카페에서 대부분 두 음료를 비슷한 크기로 판매하다 보니 카페라테와 카푸치노의 차이점을 정확히 짚어내기는 어렵다.

사실 필자가 생각하기에는 카페라테가 좋다는 이에게 카푸치노를 줘도,

카푸치노가 좋다는 이에게 카페라테를 줘도 다들 큰 불만 없이 마실 것 같다. 실제로 지난 수년간 커피를 수만 잔 만들었지만 '카페라테가 너무 카푸치노 같다'거나 '카푸치노가 너무 카페라테 같다'며 불만을 토로한 사람은 1명도 없었다.

사람들이 카페라테나 카푸치노를 주문할 때 원하는 것은 무엇일까? 기본적으로 맛이 너무 강하지 않고 우유거품을 살짝 얹은, 홀짝거리며 마실 정도로 적당히 따뜻한 커피 음료다. 개인적으로 생각하기에 카페라테의 용량은 180~200ml가 적당하며, 에스프레소 싱글샷(18~22g)에 거품을 가볍게 낸 따뜻한 우유를 첨가하는 것이 가장 맛있게 느껴진다.

커피의 아름다움을 보여주는 라테아트

라테아트는 지난 10년간 고급 커피인 스페셜티 커피 시장의 성장을 주도해 온 주역이다. 필자가 처음 에스프레소에 빠져들게 된 것도 사실 커피가 아닌 라테아트 때문이었다. 아마 찾아보면 필자 같은 사람이 분명 더 있을 것이다.

라테아트는 카페라테뿐 아니라 스팀밀크가 들어가는 모든 에스프레소 음료에 시도할 수 있다. 에스프레소에 우유거품을 따른 후 이쑤시개와 초콜릿 시럽으로 무늬를 그려 넣는 것도 라테아트라고 칭하기는 하지만, 여기서 말하는 라테아트는 피처에 담긴 스팀밀크를 음료 표면에 부어가며 무늬를 만들어가는 것을 뜻한다.(물론 나중에 무늬를 그려 넣는 것 또한 충분히 아름답고 인상적이지만, 개인적으로는 굳이 커피를 그런 방식으로 장식해서 마실 필요가 있을까 싶다.)

라테아트는 어찌 보면 장대높이뛰기 같다. 끈질기게 시도하면 마침내 성공할 수 있지만 성공하기 직전까지는 불가능해 보이기 때문이다. 곧 소개할

라테아트 방법만 보고 한번에 성공하기는 어렵겠지만, 적어도 성공 요인이나 실패 요인을 이해하는 데는 도움이 될 것이다.

막 거품을 낸 신선한 스팀밀크는 우유와 공기가 균등하게 잘 섞인 상태다. 표면은 마치 광택이 있는 하얀 페인트처럼 매끈해야 하며 거친 거품이 섞여 있어서는 안된다. 스팀밀크의 특성상 가벼운 거품 부분은 자꾸 피처 위쪽으로 올라오고 무거운 액체 부분은 아래로 가라앉을 수밖에 없으므로 두 부분이 분리되지 않도록 피처를 주기적으로 돌려줘야 한다. 라테아트를 진행하는 동안에는 스팀밀크의 매끈한 질감을 유지하는 것이 중요하다.

그렇다면 한번 시도해볼까?

1. 우선 갓 추출한 에스프레소를 준비한다.(사진 A) 추출한 지 오래된 에스프레소의 크레마는 퍽퍽하고 푸석거린다. 사실 크레마가 라테아트에 필수인 것은 아니지만, 풍부하고 부드러운 크레마는 대리석 같은 아름다운 무늬를 만들어내는 데 도움이 된다.

2. 라테아트에서 가장 중요한 것은 스팀밀크를 일정한 속도로 따르는 기술이다. 속도가 너무 느리면 우유만 따라지고, 반대로 너무 빠르면 무늬를 그릴 시간이 줄어들고 크레마에 우유가 튀어 얼룩이 생길 수 있다. 피처를 적당히 기울여 우유가 쏟아지거나 찔끔찔끔 나오지 않게 하는 것도 중요하다. 처음 부을 때는 낙차를 이용하기 위해 조금 높은 곳에서 부어주어야 한다.(사진 B) 라테아트는 커피 위에 스팀밀크가 뜨는 성질을 이용한 작업이지만, 이는 나중에 생각할 문제다.

3. 처음에는 우유가 커피의 표면을 뚫고 컵의 바닥까지 들어갈 수 있도록 한다. 이렇게 우유를 따른 이후에는 본적적인 아트 작업에 들어간다.(사진 C)

4   무늬 만들기 작업을 수월하게 하기 위해서는 피처를 앞으로 살짝 기울여주는 것이 좋다.(경우에 따라 커피잔을 피처 주둥이 쪽으로 조금 기울여도 된다.) 스팀밀크는 음료의 표면에 가깝게 붙인 채 따르는 것이 좋으므로 이를 돕기 위해 커피잔을 살짝 기울인다.(사진 D) 우유를 가까이에서 따르면 가벼운 질감의 우유가 표면에 뜨면서 갈색의 커피를 바탕으로 무늬가 형성된다.

5   피처를 양 옆으로 부드럽게 움직여가며 커피 표면에 물결 무늬를 만든다.(사진 E) 무늬는 피처를 쥔 손의 움직임과 반복의 빈도, 우유를 따르는 속도에 따라 달라진다.

6   커피잔이 다 차기 직전, 우유가 음료 표면을 뚫고 들어갈 수 있도록 다시 피처를 높이 들어 표면의 무늬를 가로지르는 선을 그어주면 원하는 그림이 완성된다.(사진 F)

카푸치노 1잔이면 파티가 따로 필요 없다

흔히들 카푸치노 하면 이탈리아의 에스프레소 문화를 떠올리지만, 우리가 알고 있는 카푸치노의 기원이 되는 음료는 에스프레소 머신보다 적어도 50년은 먼저 태어났다. 카푸치노는 19세기 비엔나에서 유행하던 카푸치너(Kapuziner)라는 음료에 뿌리를 두고 있는데, 카푸치너라는 이름은 잘츠부르크 카푸치너 수도원의 수사들이 입던 갈색 제의와 색깔이 비슷해서 붙여졌다는 이야기가 있다. 물론 이 이야기도 부분적으로 맞긴 하지만, 당시 카푸치너라는 독일어나 까뿌신(Capuchin)이라는 프랑스어가 이미 색깔을 나타내는 단어로 널리 쓰이고 있었다는 것을 생각해보면 수도원까지 거슬러올라갈 것 없이 그냥 색깔 때문에 붙은 이름일 수도 있다. 나중에 등장한 현대의 카푸치노는 카푸치너와 비슷한 모습으로 그 이름을 물려받았다.

에스프레소에 거품 낸 우유를 섞은 카푸치노에 대한 기록은 에스프레소 머신이 발명된 지 얼마 되지 않은 1950년대에 처음 등장한다. 카푸치노는 런던에서도 큰 인기를 끌었으며, 1957년에는 한 칼럼니스트가 영국의 대중 잡지 〈펀치(Punch)〉에 "카푸치노 1잔이면 파티가 따로 필요 없다"는 내용의 글을 싣기도 했다.

당시의 카푸치노 제조법은 "에스프레소에 동량의 우유와 거품을 넣는다"라고만 되어 있는데, 이는 사실 모호하기 짝이 없는 말이다. 에스프레소, 우유, 거품의 양이 각각 동량이라는 걸까? 아니면 우유와 거품을 합친 양과 에스프레소의 양이 같아야 한다는 걸까? 제조법을 어떻게 해석하는지에 따라 완전히 다른 음료가 탄생한다.

바리스타들이 배우는 전통적인 카푸치노 레시피는 삼등분 법칙(Rule of Thirds)에 입각해 있으며, 커피 제조법을 보여주는 그림을 봐도 에스프레소, 우

유, 우유거품을 1 : 1 : 1로 그리고 있다.

　에스프레소와 데운 우유, 우유거품을 각각 따로 준비해 섞으면 시각 면에서도 질감 면에서도 훌륭한 음료가 되기는 어렵다. 하지만 일단 그 문제는 차치하더라도, 각각을 같은 부피로 섞으면 오늘날 우리가 즐겨 마시는 카푸치노보다 훨씬 양이 적고 농도가 짙은 음료가 된다. 더블샷을 쓴다고 하더라도 들어가는 우유와 우유거품의 양은 60~80ml일 테니, 우리가 알고 있는 카푸치노보다는 오히려 마키아토에 가까운 비율이다. 우리에게 익숙한 카푸치노를 만드는 현실적인 비율은 1(에스프레소) : 2(우유) : 2(우유거품) 또는 1(에스프레소) : 4(우유와 우유거품이 섞인 스팀밀크)라고 보는 편이 낫다.

진하고 묵직한 커피에 달콤함을 얹은 마키아토

　마키아토는 에스프레소의 강렬한 맛을 너무 적나라하게 느끼지 않으면서도 빠르고 날카롭게 퍼지는 에스프레소의 효과는 원하는 이들에게 적합한 음료다. 소량의 스팀밀크가 에스프레소의 온도를 잡아주고, 우유 속의 지방과 당분이 커피의 캐러멜과 초콜릿 향, 바닐라와 견과류 향을 적당히 끌어낸다. 게다가 에스프레소의 바디감과 농밀함도 함께 즐길 수 있다.

　일전에 영국 총리가 마실 음료를 만들 기회가 몇 번 있었는데, 총리는 거의 언제나 마키아토를 주문했다. 일단 다른 건 떠나서, 영국 최고의 지도자가 좋아하는 메뉴라면 한번쯤 마셔봐도 좋지 않을까?

　마키아토는 우유를 사용하는 에스프레소 음료지만, 레시피에 대해서는 의견이 분분하다. 일부에서는 에스프레소 위에 소량의 우유거품을 얹어서 내는데, 사실 그보다는 많은 양을 넣어야 한다. 레시피에 대한 논란은 마키아토

(Macchiato)라는 단어의 해석에서 온다. 이탈리아어로 마키아토는 '얼룩, 흔적'이라는 뜻이다. 여기서 얼룩에 좀더 치중해 해석하면 에스프레소 위에 얼룩을 만들 만큼 소량의 거품만 올리면 된다. 그러나 이렇게 만든 마키아토는 에스프레소와 맛이 거의 다르지 않다. 하지만 마키아토라는 단어를 흔적으로 해석하면 조금 달라진다. 이탈리아에서는 마키아토를 만들 때 적당량의 우유를 에스프레소에 붓는데, 우유가 크레마를 뚫고 내려가면서 일반적인 에스프레소에는 없는 흔적을 남긴다.

    필자는 진정한 마키아토에는 스팀밀크가 어느 정도 첨가되어야 한다고 생각한다. 개인적으로는 에스프레소와 우유의 비율이 1 : 1인 것을 선호하지만, 각자의 취향에 따라 비율을 얼마든지 바꿀 수 있다는 것도 마키아토의 매력 중 하나다. 에스프레소 35~45g(더블샷)에 가볍게 거품 낸 우유 45g 정도가 적당하다. 마키아토 표면에도 라테아트를 할 수 있지만, 대개의 경우 작은 잔에 담기 때문에 쉽지는 않다.

커피 리큐어
Coffee Liqueur

재료 (약 10잔)

- 필터용으로 분쇄한 에스프레소 원두 100g
- 온수 100ml
- 에버클리어(도수 95도) 혹은 폴리시 뉴 메이크 스피리트 500ml
- 설탕 300g
- 물 200ml

분쇄한 커피를 밀폐 가능한 용기에 넣고 준비한 온수를 붓는다. 1분 동안 뜸을 들인 후 젓는다. 준비한 술을 붓고 다시 젓는다. 뚜껑을 닫아 12시간 동안 보관하되, 가끔 뚜껑을 열어 젓는다. 추출 완료 후에는 헝겊 필터로 몇 번 걸러 커피 입자를 제거한다. 원하는 당도와 강도에 따라 설탕과 물을 섞는다. 단, 사용한 술의 종류를 고려해 양을 조절한다.

도수가 높은 알코올은 쓰임새가 많다. 우선 알코올은 물보다 뛰어난 용매제다. 알코올은 커피의 지방 성분을 더 잘 녹여낼 뿐 아니라 입자가 작은 '나노 에멀전'을 형성해 더 안정적인 유화를 이룰 수 있다. 게다가 추출해낸 가용 성분을 보존하는 능력 또한 물보다 뛰어나다.

이 모든 능력은 알코올의 도수가 높을수록 더 강해진다. 그러므로 커피 리큐어를 만들기 위해서는 집에 있는 술 중 가장 도수가 높은 술을 이용하는 것이 좋다. 리큐어 제조가 끝나고 마실 때쯤이면 마실 만한 도수로 변해 있을 테니 걱정하지 않아도 된다. 물론 알코올에 뒤덮여 있을 테니 커피 향은 포기하는 게 좋다.

리큐어는 보존이 어려운 음식의 향미를 보존해두고 1년 내내 즐기기 위해 100여 년 전에 개발되어 사랑받아온 방법이다. 재료의 향미를 알코올로 추출한 후 설탕을 넣으면 알코올의 타는 듯한 쓴맛이 크게 줄어든다.

달콤한 맛과 끈적한 점성으로 나타나는 리큐르 내의 설탕은 우리의 뇌 속에서 보상 매커니즘을 작동시키고 알코올의 타는 듯한 느낌을 줄여준다. 또한 설탕은 훌륭한 보존제 역할을 하기도 한다.

그동안 추출 온도와 시간, 원두의 분쇄도를 바꿔가며 다양한 알코올 추출을 시도해본 결과 몇 가지 좋은 방법을 발견할 수 있었다.

우선 어떤 술을 이용할지부터 살펴보자. 미국이라면 에버클리어(Everclear)에서 나온 도수 95도의 제품을 사용하면 되고, 유럽이라면 폴리시 뉴 메이크 스피리트(Polish New Make Spirit)를 권한다.

알코올의 양은 무게(g)가 아닌 부피(ml)로 재야 한다. 이는 알코올의 도수가 높을수록 무게가 가벼워진다는 사실을 고려한 것이다.(순수 알코올 1리터는 같은 부피의 물보다 20%가량 가볍다.) 여기에 소개한 레시피를 활용할 때는 알코올 도수와 상관없이 정확한 부피를 측정해 사용하도록 하자.

알코올을 부어 추출하는 시간은 사용하는 술의 도수에 따라 조정한다. 레시피는 에버클리어를 기준으로 작성한 것이니, 이보다 도수가 낮은 술을 사용할 때는 추출 시간을 늘려주는 것이 좋다.

커피는 라이트로스팅한 원두는 피하는 것이 좋다. 라이트로스팅한 원두의 강점은 생두로서 지니고 있던 미묘한 풍미를 느끼게 해준다는 것인데, 어차피 알코올 추출에서 이러한 풍미를 이끌어내는 것은 매우 어렵기 때문이다.

완성된 커피 리큐르는 단독으로 마셔도 좋고 에스프레소 마티니 제조시 설탕 대신 사용해도 좋다. 아이스크림 위에 살짝 뿌리거나 카페라테에 타 마셔도 훌륭하다. 초콜릿이나 테킬라와 함께 내도 그만이며, 화이트 러시안(White Russian) 칵테일을 만들 때도 활용할 수 있다.

06

분쇄와 추출,
커피를 완성하는 힘

사실 분쇄는 아주 단순한 작업이다. 그냥 고운 가루로 만들면 된다. 하지만 커피의 세계는 아주 오묘해서 입자가 조금만 곱거나 굵어도 다른 맛이 난다. 그 미세한 차이는 어떻게 해서 나타나는지 함께 알아보자.

서툰 분쇄는 커피를 망친다

많은 이들이 좋은 커피를 만드는 데 필요한 것은
단순해 보이는 분쇄보다는 그 뒤에 오는 추출 기술이라고
생각하지만, 로스팅을 마치고 민감한 상태에 있는 원두를
서툴게 분쇄했다가는 커피의 맛을 망칠 수 있다.

분쇄 정도에 따라 커피의 맛이 달라진다

분쇄는 원두 입장에서는 돌아오지 못할 다리를 건너는 것과 마찬가지다. 분쇄 후에는 산화가 급속히 진행되어 금세 신선함을 잃기 때문이다. 그래서 맛있는 커피를 만드는 가장 효과적인 방법은 원두를 분쇄한 후 바로 추출하는 것이다. 미리 갈아놓은 원두로 만든 커피와 비교했을 때 월등히 뛰어난 커피 맛을 느낄 수 있다.

분쇄를 거치면 원두가 작은 입자가 되어 물에 닿는 면적이 넓어지고 원두 내부의 다공성 구조가 밖으로 노출된다. 이것의 정도에 따라 커피 맛도 달라진다. 너무 미세한 입자(미분)는 추출은 빨리 되지만 자칫하면 과추출될 수 있고, 거칠게 분쇄하면 추출이 느려진다. 그래서 모든 입자가 정확히 같은 무게와 같은 표면적으로 분쇄되는 것이 가장 이상적이지만, 이는 말 그대로 이상

에 불과하다.

원두에 뜨거운 물을 부어 통과시켜 추출하는 여과식 커피에는 비교적 곱게 분쇄한 원두를 사용하는 것이 좋다. 물이 원두 입자 사이를 통과하는 동안에만 커피 성분과 접촉하기 때문이다. 일반적으로 원두를 2배 더 곱게 분쇄하면 추출 속도는 4배 빨라진다. 표면적이 넓어 물이 커피 내부의 향미 성분에 더 잘 접근할 수 있기 때문이다.

프렌치프레스 등을 이용한 침출식 커피 제조시에는 원두 입자의 크기만 생각하면 된다. 어차피 원두와 물의 접촉 시간은 커피를 만드는 사람이 결정하는 것이기 때문이다. 침출식 추출에는 주로 굵게 분쇄한 원두를 사용한다. 너무 고우면 원두 입자가 필터를 막아 피스톤을 끝까지 내리기 어려운 경우가 많기 때문이다.

분쇄는 커피의 맛을 좌우하는 중요한 요소지만, 사실 원두를 얼마나 곱게, 혹은 굵게 갈아야 하는지를 타인에게 말이나 글로 정확히 알려주는 것은 거의 불가능하다. 그래서 스페셜티 커피 업계의 가장 큰 이슈 중 하나는 분쇄 정도를 정확히 표현하고 설명할 방법을 찾는 것이기도 하다.

분쇄기의 역사는 절구에서 시작되었다

처음 원두 분쇄에 사용된 도구는 절구와 절굿공이였다. 아랍인과 오스만인들은 질 좋은 절구를 숭배하다시피 할 만큼 중요하게 여겼다. 절구의 마모 자국이나 사용 흔적은 좋은 품질의 상징으로 여겨졌고, 관리를 잘한 오래된 절구는 시장에서 비싼 값에 팔려나갔다. 12~13세기에는 단순한 디자인의 분쇄 맷돌이 등장했는데, 아마 원두 전용은 아니고 다른 것들을 분쇄하는 데도 함께 사용됐을 가능성이 높다. 오목한 석기 위에 둥근 돌을 올린 상태의 이 맷돌은 손잡이를 달아 작동을 조금 편리하게 만든 정도가 디자인의 전부였다.

내부에 금속 부품을 장착한 최초의 커피 전용 분쇄기는 16세기의 시리아, 정확히는 다마스쿠스에서 처음 등장했다. 당시 다마스쿠스는 날카로운 강화 강철 검과 칼의 제조 기술로 전세계적인 명성을 누리고 있었다. 다마스쿠스에서 개발된 커피 분쇄기는 커피의 인기가 높았던 터키로 옮겨가며 다듬어졌고, 이러한 개선 작업을 거쳐 17세기 중반 터키식 분쇄기가 처음 등장했다. 이것은 250년이 흐른 지금까지 수동 커피 분쇄의 조상 역할을 톡톡히 하고 있다. 실제로 당시의 터키식 분쇄기를 보면 오늘날 우리가 여행용으로 즐겨 찾는 휴대용 분쇄기와 상당히 유사한 모습이다.

Barista's Tip
터키식 분쇄기에서 분쇄를 담당하는 부분을 살펴보면 오늘날의 원뿔형 버(Conical Burr, 둥근 고리 모양의 외부 날과 원뿔 모양의 내부 날이 맞물려 돌아가는 형태의 분쇄판. 버는 표면이 톱니 모양으로 거친 판을 말한다) 분쇄판과 비슷하다.

터키식 분쇄기는 프랑스와 영국으로 건너가 서랍식 분쇄기로 진화했다. 이들 분쇄기는 기본적으로 터키식과 작동 원리는 같았으나, 분쇄된 원두가 모이는 아랫단에 나무로 서랍을 달아 커피 가루를 쉽게 꺼낼 수 있게 만든 점이 달랐다. 그래서 서랍식이라는 이름이 붙여졌다.

유럽 문헌에 커피 분쇄기가 처음으로 등장한 것은 1665년경이다. 당시 한 잡지에 실린 광고를 보면 니콜라스 브룩(Nicolas Brook)이라는 사람이 "원두를 가는 분쇄기를 제작할 수 있는 사람은 자신뿐"이라며 "1대에 40~45실링에 판매한다"고 홍보하는 내용을 볼 수 있다. 18세기와 19세기를 거치며 다양한 형태의 분쇄기가 출시되었다. 크기도 식탁 위에 놓고 쓸 수 있는 소형 분쇄기부터 거의 식탁만한 대형 분쇄기까지 다양했고, 종류도 휴대형부터 벽걸이형까지 다양했다.

분쇄 기술은 지속적으로 발전했지만, 놀랍게도 19세기 중반에 이르기까지

원뿔형 분쇄판(왼쪽 위)과 평면형 분쇄판

분쇄기의 성능은 커피의 맛에 큰 영향을 주므로 가능한 한 좋은 제품으로 마련할 것을 권한다.

절구를 더 선호하는 이들이 많았다. 프랑스의 미식가 장 앙텔므 브리야 사바랭(Jean Anthelme Brillat-Savarin)은 《미식 예찬(Physiology of Taste, 인류 식생활사와 음식에 대한 경험을 기록한 책)》(1825)에서 "분쇄기로 갈아낸 원두보다 절구에 넣어 빻은 원두가 훨씬 훌륭하다는 점에 모두가 만장일치로 동의한다"고 주장했다. 19세기 바리스타들 중에도 과거를 그리워하는 이들이 꽤 있었던 모양이다.

19세기 초반에는 분쇄도를 조절할 수 있는 분쇄기가 등장해 미국 시장에서 인기를 끌었다. 당시 미국에서는 유럽보다 다양한 종류의 분쇄기가 제작되었고, 용량 면에서도 훨씬 큰 제품들이 출시되었다. 당시 미국인들의 커피 사랑을 엿볼 수 있는 부분이다.

20세기에 들어서며 분쇄기는 미국과 유럽의 가정에서 주방의 필수품으로 자리잡았다. 모터를 장착한 자동식 분쇄기가 등장하자 많은 가정이 이에 관심을 보였다. 자동식 분쇄기가 관심을 끈 이유는 경제성이었다. 대부분 자동식 분쇄기는 원두를 더 곱게 분쇄할 수 있었는데, 사람들은 원두를 곱게 갈수록 커피를 더 많이 만들 수 있다고 생각했다.

자동식 분쇄기는 주로 독일과 프랑스에서 제작되었으며, 가정용 제품은 1920년대에 처음 등장했다. 자동식이라고는 했지만 사실 모터가 달린 벨트에 수동형 분쇄기를 연결한 것에 가까웠고, 원두 1kg를 분쇄하는 데 무려 15분이나 걸렸다.

1930년대에 필터를 사용한 드립커피의 등장으로 가정용 전동 분쇄기 시장이 어느 정도 성장했다. 하지만 같은 시기 분쇄된 원두가 상업적으로 팔리기 시작했고, 인스턴트 커피가 인기를 끌면서 시장의 성장이 일면 방해받은 측면도 있다.

대규모 산업용 분쇄기는 로스팅업체와 소매업자의 수요가 증가하며 1800년대 말에 처음으로 등장했다. 오늘날 산업용으로 사용되는 분쇄기들은 대부분 이 초기 모델에서 진화한 제품들이며, 일부 고급 제품의 경우 시간당 분쇄 용량이 몇 톤을 훌쩍 넘기기도 한다.

거친 분쇄기를
다루는 방법

분쇄는 매우 격렬하며, 커피 원두에도 분쇄기에도
무리를 주는 힘겨운 작업이다. 분쇄기 내부로 들어간 원두는
12,000rpm으로 회전하는 날카로운 단강 혹은 강화세라믹 칼날에
분쇄되고 절단되며 으깨진다. 이 과정을 견뎌낸
원두는 가루가 되어 분쇄통에 모인다.

단순해 보이는 분쇄기, 원리도 단순할까?

분쇄를 결정짓는 요소는 온도와 습도, 로스팅 정도, 심지어 원두의 밀도까지 매우 다양하다. 한 예로, 분쇄 과정에서 발생하는 열은 원두 내의 지방질에 영향을 주어 섬세한 향 성분에 치명적인 결과를 가져올 수 있다. 이러한 요소들을 적절히 고려하고 분쇄기를 최대한 바람직하게 활용하기 위해서 우선 분쇄기의 작동 원리를 살펴보자.

칼날형 분쇄기

칼날형 분쇄기(Blade Grinders)는 분쇄기라고 부르기는 하지만 사실 스무디를 만드는 블렌더와 더 비슷하다. 이러한 분쇄기의 가장 큰 문제는 분쇄한 원두의 크기에서 균일성이 떨어진다는 점이다. 크기가 들쭉날쭉한 원두 입자를

사용하면 추출이 불규칙하게 이루어져 커피에서 시고 쓴맛이 나게 된다.

버형 분쇄기

버형 분쇄기(Burr Grinders)는 평면형과 원뿔형, 2가지로 나눌 수 있다. 평면형은 톱니 모양이 돌출된 판 2개가 겹쳐서 도는 방식이고, 원뿔형은 고정된 원형의 외부 날 안에 원뿔 모양의 날이 맞물려 도는 방식이다. 버형 분쇄기는 칼날형보다 분쇄 균일도가 높으며, 따라서 커피 맛 또한 더 좋다.

맛있는 커피를 만들기 위해서는 제조 방법에 따라 원두 입자의 크기를 조절해줘야 하는데, 대부분의 버형 분쇄기는 이러한 기능을 제공한다. 대부분 한쪽 판은 모터에 고정되어 있으며 다른 쪽 판을 움직여 분쇄도를 조절하게 되어 있다.

분쇄판은 주로 세라믹이나 강철로 만들어진다. 세라믹은 열 전도성이 낮아 쉽게 과열되지 않는다는 장점이, 강철은 열을 빨리 소멸시키기 때문에 냉각이 더 빨리 된다는 장점이 있다.

분쇄에서 가장 큰 문제는 깨지기 쉬운 원두의 성질에 있다. 원두가 분쇄판에서 쪼개지는 순간 미세한 분말이 발생하는데, 이는 강한 로스팅일수록 심하게 나타난다. 이렇게 발생한 미분은 커피 제조에도 영향을 미친다. 대부분의 분쇄기에서는 분쇄시 미분이 10%가량 발생한다고 알려져 있다. 미분은 추출 시 투과 속도를 느리게 하고 추출의 일관성을 떨어뜨리며 에스프레소의 바디감을 감소시키는 주범으로 악명이 높다.

격렬한 분쇄 작업을 거치다 보면 미분뿐 아니라 제대로 분쇄되지 않은 큰 입자가 밖으로 밀려나오는 경우도 종종 발생한다.

분쇄기, 원두를 잠깐 보관할 수 있는지에 따라 달라진다

분쇄기는 크게 에스프레소용과 여과용이 있다. 에스프레소용으로 사용하는 분쇄기는 고운 입자를 잘 갈아내는 반면, 여과용이나 프렌치프레스용으로 사용하는 분쇄기는 주로 굵은 입자를 잘 갈아낸다.

에스프레소용 분쇄기는 도저(Doser)의 유무를 기준으로 다시 두 종류로 나눌 수 있다. 도저가 장착된 '도저 분쇄기(Doser Grinder)'와 도저가 장착되지 않은 '도저리스 분쇄기(Doserless Grinder)'다. 도저는 원두를 한꺼번에 분쇄해서 담아두었다가 주문이 들어올 때마다 일정량을 포터필터에 배출해주는 통인데, 사실 이렇게 커피를 미리 분쇄해두는 것은 바람직하지 않다. 원두는 분쇄 후 몇 분만 지나도 변할 수 있기 때문이다.

Barista's Tip

도저는 분쇄 후 배출된 원두가 저장되는 통으로, 도저에 달려 있는 손잡이를 당기면 일정량의 원두가 배출된다. 이때 배출되어 나오는 분량을 도즈(Dose)라고 하며, 원두를 계량해 담는 행동을 도징(Dosing)이라고 한다.

여기까지만 읽으면 도저리스 모델을 선택하는 게 더 바람직하게 느껴질 것이다. 그러나 요즘에는 도저가 장착된 모델 중에도 타이머 기능을 통해 주문이 들어올 때 필요한 만큼만 정확히 분쇄해 사용할 수 있는 제품이 있고, 도저 내부에 원두 가루가 남지 않도록 끝까지 사용할 수 있는 모델도 많다. 일부에서는 분쇄된 원두를 필터 바스켓에 더 깔끔하게 담을 수 있기 때문에 도저 모델을 선호하기도 한다. 도저리스 제품은 때로 원두가 거칠게 배출되기 때문에 주변이 지저분해지고 정확한 분량을 담기 어려울 때도 있다. 물론 어느 쪽이든 가장 중요한 것은 개인의 취향이다.

풀리지 않는 숙제, 기계에 남는 커피 찌꺼기

분쇄기 제조업체들이 해결하고자 애쓰는 또 다른 문제는 바로 기계 내부에 남는 원두다. 이 문제에서는 사실 많은 진전이 있었지만 완전한 해결은 어려워 보인다. 분쇄 날에서 배출구까지의 통로는 원두가 숨기에 아주 좋은 장소이기 때문에 많은 제조사들이 이 통로의 길이를 줄이고 원두가 적체될 만한 부분을 최소화하기 위해서 노력하고 있다.

사실 원두의 적체가 도징에는 큰 영향을 주지 않는다. 분쇄기 내부에 끼어 있는 원두의 양은 어차피 늘 비슷할 것이기 때문이다. 그러나 분쇄도 측면에서는 적체 원두가 문제를 초래할 수 있다. 분쇄시 안쪽에 남아 있던 원두 가루가 섞여 나오면 입자의 균일성이 떨어질 수 있기 때문이다.

분쇄기 내부의 커피 기름을 제거하고 분쇄 효율을 높이기 위해서는 내부 청소 또한 중요하다. 커피 원두 정도 크기의 알갱이를 넣고 분쇄기를 가동하면 분쇄판 청소는 물론 커피 오일과 찌꺼기 또한 제거할 수 있다.

Barista's Tip
커피를 10kg 분쇄할 때마다 청소 알갱이를 50g가량 투입해 관리해주면 좋다.

메저(Mazzer)사의 최고급 에스프레소 분쇄기 도저에서 미세하게 분쇄된 완벽한 모양의 원두 가루가 쏟아져 내리는 모습

1 터키 커피용 분쇄 : 분쇄기가 막히지 않고 분쇄할 수 있는 가장 고운 입자

2 고운 에스프레소용 분쇄 : 매우 고운 입자. 뭉침 현상이 발생할 수 있다.

3 에스프레소용 분쇄 : 고운 입자. 포터필터에 담았을 때 뭉침 현상이 일부 발생할 수 있다.

4 고운 필터용 분쇄 : 에스프레소용과 필터용의 사이

5 필터용 분쇄 : 입자가 매우 고운 에스프레소용 분쇄보다 조금 더 굵으며, 고운 정제당 정도의 크기

6 굵은 필터용 분쇄 : 설탕 입자와 비슷한 크기

7 굵은 분쇄 : 침출식 추출에 사용. 천일염과 비슷한 크기

8 매우 굵은 분쇄 : 굵은 소금 입자와 비슷한 크기. 장시간 침출시에만 사용

9 덩어리 : 파편이라고 부를 만한 크기. 일반적인 커피 제조에는 사용하지 않는다.

커피의 꽃, 추출의
과학적 지식 쌓기

커피 제조에서 가장 중요한 부분을
차지하는 것은 추출이며, 우리가 커피를 만들 때
여러 변수들을 조정해가며 애쓰는 것 또한 결국은
추출을 돕기 위한 행동이라고 볼 수 있다.

추출, 그저 물만 내린다고 되는 게 아니다

커피 제조 방법은 다양하다. 그러나 방법을 막론하고 좋은 커피를 만드는 핵심은 커피의 성분을 잘 추출(Extraction)해내는 기술이다. 커피를 서툴게 추출하면 쓴맛이나 신맛, 떫은맛이 너무 과해질 수 있고, 아니면 너무 묽거나 밍밍해질 수 있다. 훌륭한 추출은 원두의 훌륭한 맛을 아낌없이 이끌어낸다. 이렇게 만든 커피에서는 원두의 품종과 원산지, 정제법과 로스팅 스타일이 만들어낸 특징을 하나하나 선명하게 느낄 수 있다.

추출을 통해 물에 녹아나온 원두 속의 고체와 기체는 향미 성분으로서 커피의 맛을 이루고, 물에 녹지 않는 미세한 섬유질 입자와 지방 성분은 커피의 바디감과 촉감을 이룬다.

추출만큼은 아니지만 농도(Strength) 또한 중요하다. 인스턴트 커피 포장지에 표기되어 있는 커피의 강도(Strength)와 헷갈릴 수 있는데, 인스턴트 커피의 강도는 쓴맛의 정도를 표현한 것이고 추출 커피의 농도는 커피 안에 들어 있는 물이 아닌 성분의 비율을 표현한 것이다. 당연한 말이지만 추출시 물과 원두의 비율(추출 비율)에 따라 커피의 묽기와 농도가 결정되므로, 선호하는 커피 맛에 따라 비율을 잘 조절해야 한다.

완벽한 추출을 위한 조건

완벽한 추출을 위한 추출 비율은 하나로 정해져 있는 것이 아니다. 다양한 비율에서 원두의 성분을 훌륭히 이끌어내기 위해서는 추출에 영향을 미치는 무수한 요소를 고려해야 한다.

가장 큰 영향을 주는 두 요소는 원두의 분쇄도와 물과 접촉하는 시간이다. 균형미가 뛰어난 맛있는 커피를 만들기 위해서는 이 두 요소 사이의 균형을 찾는 것이 중요하다. 원두의 양과 분쇄도, 추출 시간을 바꿔가며 다양한 실험을 통해 나만의 커피 맛을 찾아가는 것. 이것이야말로 커피를 만드는 재미가 아닐까?

추출 시간

에어로프레스(Aeropress)로 커피 1잔을 추출한다고 가정해보자. 정해져 있는 것은 아무것도 없다. 적절한 추출 시간과 분쇄도 범위 내에서 마음껏 다양한 시도를 통해 맛있는 커피를 만들어가면 된다. 추출 시간은 여과식 커피(Percolated Coffee) 제조에서 영향력이 큰 요소다. 여과식 커피는 분쇄한 원두에 물을 붓고 여과시켜 추출하는 모든 커피를 지칭하는 말로, 에스프레소, 필터 커피, 모카포트 커피 등이 이에 해당된다. 여과식 커피 제조에서는 추출 비율과 원두의 분쇄도, 추출 시간 등이 서로 밀접하게 연관되어 있는데, 이는 분쇄된 원두가 물의 흐름을 가로막는 장애물 역할을 하며 추출이 이루어지기 때문이다.

추출 온도

또 하나 중요한 변수는 추출 온도다. 일반적으로 물질의 반응 속도는 온도가 높아질수록 빨라진다. 이를 커피에 대입해 생각해보면 추출 온도가 높을수록 추출 속도가 빨라진다는 결론을 내릴 수 있다. 추출 온도가 중요한 이유는 또 있다. 원두에 함유되어 있는 다양한 성분들이 녹아나오는 온도가 다르기 때문이다. 예를 들어 카페인은 낮은 온도인 30℃에서도 잘 녹아나오지만, 일부 떫은맛 성분은 100℃부터 녹아나오기 시작한다. 그래서 추출에는 95℃가 넘는 물을 사용하지 않는다.

자극

그 밖에 추출 중인 커피액을 젓는 등의 방식으로 자극(Agitation)을 가하는 것도 추출에 영향을 주는 요소다. 에스프레소의 경우 강한 압력으로 물을 커피층 사이로 밀어내는 것이 이 자극에 해당된다. 홍차를 우릴 때 티백을 저어주면 더 빨리 우러나는 것을 본 적이 있을 것이다. 커피 제조시에도 물을 통한 자극으로 추출 과정의 효율을 높일 수 있다.

자극 방법은 드립시 추출액을 빠르게 저어주는 것부터 원두를 적시고 물을 부을 때 특정한 패턴을 사용하는 것까지 다양하다. 일부 바리스타는 물을 따를 때의 동작이나 패턴이 추출에 큰 영향을 준다고 생각하며, 이를 매우 중요하게 여기기도 한다. 세상에 물 따르는 방식이 수도 없이 많다는 점을 생각해보면 커피 추출법을 다른 사람에게 알려주는 것이 얼마나 힘든 일인지 새삼 깨닫게 된다.

원두의 신선도

원두의 신선도 또한 고려해야 한다. 볶은 지 얼마 안된 너무 신선한 원두를 분쇄해 추출하면 원두에서 배출되는 강한 이산화탄소의 힘 때문에 물과 커피가 제대로 접촉하기 어렵다. 에스프레소용으로 사용할 원두는 로스팅 후 최소 5일 정도의 휴지기를 거쳐야 한다. 그렇지 않으면 필터 바스켓 속의 원두 입자에서 나오는 이산화탄소 때문에 커피가 제대로 추출되지 않는다. 이런 현상은 에스프레소뿐 아니라 모든 커피에서 나타날 수 있으므로, 로스팅 후에는 원두 내부의 이산화탄소가 어느 정도 배출될 수 있도록 최소 12시간이 지난 후에 사용하는 것이 좋다.

커피 맛을 평가하는 과학적 기준, 추출 수율과 추출 비율

뽑아낸 커피의 세밀한 농도와 수치를 재는 기준이 존재한다. 하지만 현실에서는 이런 것을 따지지 않고 또 다소 전문적인 내용이므로 여기서는 그런 것이 존재한다는 것만 알고 넘어가도 좋다.

추출 수율 : 원두의 성분이 얼마나 녹아나왔는가?

추출을 측정하는 가장 좋은 방법은 바로 수율이다. 수율이란 원두의 전체 성분 중 물에 용해되어 커피 음료의 일부가 된 성분의 비율을 뜻하며, 무게를

에스프레소 추출시에는 크레마의 색깔과 지속력 등으로 성공적인 추출 여부를 가늠할 수 있다.

기준으로 측정한다.

수율은 추출이 얼마나 효과적으로 이루어졌는지를 보여주며, 추출된 커피의 균형성을 가늠해볼 수 있는 지표가 되기도 한다. 드립커피보다 에스프레소가 훨씬 더 진하기 때문에 추출 수율이 높을 거라고 생각하겠지만, 수율은 물의 양에 대한 커피 성분의 비율이 아니기 때문에 둘의 수율이 크게 차이가 나지는 않는다.

추출 수율이 어느 정도일 때 커피의 맛이 좋아지는지에 대해서는 지난 50년간 다양한 연구가 진행되었다. 원두의 건조 중량 중 3분의 1가량은 가용성 성분, 즉 추출할 수 있는 성분이다. 그러나 모든 성분이 커피 맛에 도움이 되는 것은 아니다. 전문가들은 대부분 수율이 18%에서 22%일 때 커피의 맛이 가장 좋다는 결론을 내렸다. 이는 전체 가용성 성분 중 절반가량만 녹여내는 것이 바람직하다는 말이다. 그 이상, 혹은 이하의 수율은 과다 추출이나 과소 추출로 분류된다.

- 수율 18% 이하(과소 추출) : 신맛이 돌고 밋밋하며 맛이 연하고 묽다.
- 수율 22% 이상(과다 추출) : 텁텁한 재 냄새가 나며 맛이 쓰고 떫다.

참고로 18~22%라는 수치는 어느 날 갑자기 하늘에서 뚝 떨어진 것이 아니고, 수많은 연구를 통한 커피 샘플에 대한 감각 분석을 바탕으로 도달한 결론이다. 그러나 물론 어느 규칙에나 예외는 있으며, 결국 품종이나 로스팅 방식에 따라 최적 수율은 달라질 수밖에 없다.

일부 커피는 추출 수율 16%에서는 산뜻하고 깔끔한 과일 향을, 수율 20%에서는 잼 같은 달콤한 향을 내기도 한다. 일각에서는 16%와 20%일 때 가장

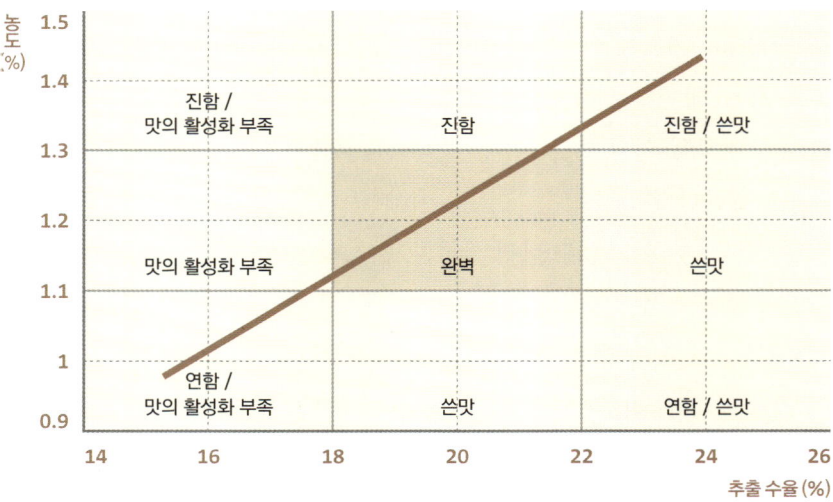

맛있으며, 그사이의 수율은 피해야 한다는 주장도 있다.

앞의 자료는 에스프레소 머신을 사용하지 않고 제조하는 커피 음료의 추출 수율과 농도의 이상적인 균형을 나타낸 도표다. 세로축은 커피의 농도인데, 음료 안에 들어 있는 물을 제외한 물질(TDS 혹은 총 용존고형물)의 비율을 뜻한다. 가로축은 추출 수율로, 원두에서 추출된 커피 성분의 비율을 나타낸다.(예를 들어 원두 10g에서 커피 성분 2g이 추출되었다면 추출 수율은 20%)

농도가 세로축의 너무 위나 아래에 자리잡은 커피는 일반적인 기준에서는 너무 연하거나 진하다. 물론 취향에 따라 이러한 커피를 더 좋아하는 사람도 있다. 추출 비율은 커피의 농도에 직접적인 영향을 준다. 도표 가운데 회색 부분에 해당하는 커피, 즉 추출 수율이 18~22%이면서 농도가 1.1~1.3%인 커피는 그 밖의 영역에 위치한 커피보다 달콤하고 풍성한 맛을 내며 투명감도 뛰어나다.

도표를 가로지르는 회색 대각선은 추출 정도를 나타내는데, 추출이 부족하면 맛 성분이 덜 활성화되어 싱겁게 느껴질 가능성이 높고, 추출이 과하면 너무 진하고 쓰게 느껴질 가능성이 높다는 것을 보여준다.

추출 비율 : 얼마의 원두에서 커피가 얼마나 나왔는가?

커피 제조시 주의해야 할 또 다른 요소는 바로 추출 비율이다. 추출 비율은 '추출에 사용한 원두의 무게' 대비 '최종적으로 추출된 음료의 무게' 비율이며, 추출된 커피의 농도를 보여주는 지표가 되기도 한다.

일반적으로 에스프레소의 추출 비율은 1 : 1.5다. 이는 원두의 무게를 1로 봤을 때 추출된 음료의 무게가 1.5라는 의미로, 원두 20g를 사용해 에스프레소를 30ml 정도 추출한다는 것을 뜻한다. 프렌치프레스로 추출한 커피의 경우 대개 1 : 15 비율을 지키므로, 원두 20g이 음료 300ml가 된다.

하나 강조하자면, 엄격한 기준으로 봤을 때 추출 비율은 '추출에 사용한 물의 무게'가 아니라 '추출되어 나온 음료의 무게'다. 두 무게가 같다고 생각할 수도 있지만, 물이 분쇄된 원두를 통과하며 일부가 흡수된다는 사실을 간과해서는 안된다. 원두 1g당 물 2ml가량이 흡수된다.

인간의 혀가 가장 정확한 측정 도구

지금까지 복잡한 수치와 비율에 대해 다뤘지만, 가장 중요한 것은 결국 우리가 느끼는 '맛'이다. 물론 공식과 도표도 맛의 지표가 될 수 있지만 우리에

전자 굴절계와 스마트폰의 기능을 이용해 커피 맛을 향상시키는 실험을 할 수 있다.

좋은 저울 세트가 맛있는 커피를 찾아 떠나는 여정에 가장 훌륭한 친구가 되어줄 것이다.

게는 아주 오래전부터 활용해온 더 좋은 지표, 즉 코와 혀가 느끼는 맛이 있다. 인간의 감각은 그 어떤 전자 굴절계보다 민감하며, 맛있는 커피란 결국 각자의 입맛에 맞는 커피다. 커피를 추출한 후에는 천천히 음미하며 맛있게 느껴지는지 생각해보고, 결과가 만족스럽다면 그 커피를 추출하기까지의 과정을 꼼꼼히 기록해두자.

커피를 분석하다 보면 마치 과학의 잣대로 예술을 평가하는 것처럼 느껴져서 불편할 때도 있다. 그러나 정말로 맛있는 커피를 만들기 위한 모든 요소를 섭렵하기 위해서는 과학적 기술과 예술적 접근이 동시에 필요하다는 점을 명심하자.

필자가 스트레이츠 7을 처음 접한 것은 싱가포르의 유명 카페인 오리올 카페에 갔을 때였다. 스트레이츠 7이라는 이름은 싱가포르 해협(Singapore Straits)의 스트레이츠와 음료에 들어가는 재료 숫자에서 따왔다고 한다.

사실 어느 정도 명성이 있는 좋은 카페의 메뉴는 전통적인 에스프레소 음료에서 벗어나는 경우가 없다. 자칫 잘못했다가는 섬세한 커피의 맛을 망치고 완고한 커피 애호가들의 비난을 살 수도 있기 때문이다. 그러나 오리올 카페의 스트레이츠 7에 대한 평가는 호평 일색이었고, 필자 또한 관심이 가서 얼른 마셔보고 싶었다.

결과는? 정말 맛있었다. 맛의 균형이 좋으면서도 폭신한 느낌과 달달한 맛에 조금만 더 마시고 싶으면서도 너무 맛있어서 괜히 죄책감이 느껴지는 그런 음료였다.

그런데 맛을 봐도 무슨 재료가 들어갔는지 짚어내기가 힘들었다. 커피와 물이 들어간 건 어쨌든 확실했지만, 단맛이 도는 우유 비슷한 맛과 입 안에 남는 향신료 맛은 정확히 어떤 재료에서 오는지 알 수가 없다. 직원을 3명이나 붙잡고 뭐가 들어갔는지 물어봤지만 다들 어림도 없다는 태도였다. 결국 카페 뒷골목 으슥한 곳에서 신분을 숨긴 채 바리스타 1명에게 매달린 결과 재료명을 황급히 휘갈긴 메모지를 손에 넣을 수 있었다.

메모지에는 '커피, 물, 우유, 연유, 소금, 후추, 설탕'이라고 쓰여 있었다. 아쉽게도 비율은 적어주지 않아서 직접 여러 번의 실험 끝에 파악해야 했다.

스트레이츠 7은 달콤한 간식을 곁들이면 더없이 좋을 맛이다. 버터를 넣은 바삭바삭한 쇼트브레드 비스킷을 추천한다. 자, 어서 만들어 먹어보자.

재료 (1잔)

- 연유 30ml
- 전유 100ml
- 설탕 5g
  (기호에 따라 조절 가능)
- 고운 흑후춧가루 한 꼬집
- 고운 소금 한 자밤
- 에스프레소 30ml

연유, 전유, 설탕, 후추를 스테인리스 피처에 넣고 잘 저어 섞는다. 에스프레소를 추출한다. 피처 안의 내용물을 65℃로 스티밍한 후 취향에 맞춰 에스프레소 위에 붓는다.

맛 따라 멋 따라!
커피 추출법 12

커피 추출은 커피 역사가 시작된 이래로 발전하고, 또 다양해졌다. 때로는 쉽고 단순한 추출이, 또 때로는 과다 추출하는 것이 유행을 이끌었다. 깊이 들어가면 더 많은 추출법이 존재하지만, 여기에서는 가장 대표적인 12가지 추출법을 소개한다.

추출이
커피의 맛을 결정한다

앞에서 추출에 관한 대략적인 것을 배웠다. 본격적인 커피 추출이 나오지 않았는데도 무척 복잡하고 어렵다는 것을 느꼈을 것이다. 그만큼 추출의 방법과 종류가 매우 다양하고, 또 많은 사람들이 추출을 연구했다는 뜻이기도 하다. 이제 본격적인 커피 추출의 종류와 방법에 대해 알아보고, 그에 따라 달라지는 커피의 맛을 알아본다.

커피 추출은 누가 시작했나?

인류는 커피를 마시기 시작한 이래 끊임없이 새로운 추출 방법을 개발해왔다. 커피 애호가들 중에는 역사적으로 개척정신이 뛰어난 사람이 많기는 했지만, 커피 추출법이 끊임없이 새로 개발된 것은 꼭 그 때문만은 아니다.

다양한 추출법을 만들어낸 일등공신은 다름 아닌 우리가 커피를 추출할 때 느끼는 기본적인 불편함들이었다. 커피 가루에 물을 부으면 가루가 물에 둥둥 떠오른다. 작은 불편이기는 하지만, 이 불편이 커피 추출법 개발에 미친 영향을 결코 과소평가해서는 안된다. 만약 원두 가루가 물에 잘 가라앉는 성질이었다면 이 책의 두께도 훨씬 얇아졌을 것이다.

분쇄한 원두를 주전자에 넣고 찻잎과 같은 방식으로 우려낸다고 생각해보자. 주전자 속에서 원두 가루가 이리저리 떠다니기만 할 뿐 커피 한 방울 얻을 수 없을 것이다. 이러니 커피의 추출법이 발달하지 않겠는가?

침출식 vs 여과식, 커피 추출의 큰 분류

커피 추출 기구는 크게 침출식과 여과식 두 종류로 나눌 수 있으며, 일부 기구는 두 방식을 모두 활용하기도 한다.

침출식은 고체를 용액 속에 담가서 우려내는 방법이다. 대표적인 침출식 기구로는 프렌치프레스를 꼽을 수 있으며, 물과 커피의 접촉 시간을 사용자가 재량껏 조절할 수 있다는 장점이 있다. 여과식은 분쇄한 원두 가루에 물을 부어 통과시켜서 커피의 향미를 추출하는 방식이다. 침출식은 목욕, 여과식은 샤워라고 생각하면 된다. 침출식은 목욕할 때와 마찬가지로 원두 가루를 물에 푹 잠기도록 담그는 방식이고, 여과식은 원두 가루를 물로 씻어내리는 방식이다.

추출법에 따라 맛도 달라질까?

추출에 사용하는 기구와 방식에 따라 커피의 스타일도 달라진다. 일례로 프렌치프레스로 추출한 커피에서는 묵직한 바디감과 풍부한 질감이 느껴지는 반면, 종이 필터로 여과한 커피에서는 섬세하고 깔끔한 질감이 느껴진다. 원두의 특징에 맞는 추출법은 커피의 맛을 한결 돋보이게 한다.

추출 기구별로 만들어내는 커피의 스타일이 다르므로 원두의 특징을 파악하고 이에 맞춰 사용해야 한다. 묵직한 바디감을 주는 침출식부터 가볍고 섬세한 느낌을 살리는 여과식까지 다양한 방법을 시도해보자.

터키식 커피포트 추출
The Pot

커핑시에 분쇄한 커피를 작은 그릇에
담고 뜨거운 물을 부어 마시는 것을 빼면, 터키식
침출법은 커피를 추출하는 가장 단순한 방법이자 여과
과정을 전혀 거치지 않는 유일한 방식이다.

구리 주전자에서 시작된 터키인들의 커피 추출

콘스탄티노플의 커피 추출 방식에 대한 초기 문헌을 보면 터키인들은 '이브릭(Ibrik)'이라는 구리 주전자에 커피 가루와 물을 넣고 끓여 커피를 우려냈다는 것을 알 수 있다. 문헌에는 추출이 완료되면 이브릭을 재빨리 불에서 내려 잔에 따르라고 기록되어 있으며, 이때 이브릭 안에 있는 커피 가루가 잔에 들어가지 않도록 주의해야 한다고 되어 있다. 이브릭은 바닥이 넓고 위에 뾰족한 주둥이가 달렸으며, 손잡이는 옆으로 곧게 뻗어 있다.

유럽으로 전파되며 이브릭의 모양은 변형되고 개선되었으며, 17~18세기에 이르기까지 다양한 디자인이 새롭게 나타났다. 원래 커피 추출에 사용하던 주전자는 길쭉한 모양이었으며, 주둥이 또한 중간이나 바닥 가까이에 붙어 있었다. 커피를 따를 때 커피 가루가 커피액 위로 떠오르거나 주전자 바닥에

터키식 전통 이브릭은 가장 오래된 커피 추출 도구 중 하나지만 아쉽게도 기술적인 정교함은 기대하기 어렵다.

서 딸려나오는 것을 최소화하기 위해서였다. 같은 이유로 주전자의 높이는 높을수록 좋았다.

주전자로 우려낸 커피의 문제점은 아무래도 커피 가루다. 아무리 조심해서 따라도 가루가 딸려나올 수밖에 없기 때문이다. 터키인들은 이 문제를 해결하기 위해 원두를 최대한 곱게 분쇄해 사용했다. 곱게 분쇄한 가루는 바닥에 더 잘 가라앉기는 했다.

하지만 커피를 따를 때 미세한 분말이 주전자 주둥이를 통해 나오는 것은 아무리 해도 막을 수 없었다. 이렇게 만든 터키식 커피는 과다 추출 때문에 진하고 탁한 맛이 나는 것이 특징이며, 그래서 터키인들은 커피에 설탕이나 향신료를 넣어 마셨다.

전통적인 터키식 침출법으로 뽑아낸 커피는 아마 인생 최고의 커피와는 거리가 먼 맛이겠지만, 우리가 평소 커피에 관해 알고 있는 규칙을 벗어나 흥미로운 맛을 즐겨볼 좋은 기회가 될 것이다.

· How to ·

터키식 커피포트
The Pot

1. 분쇄한 원두 30g과 적정량의 설탕을 주전자나 이브릭에 넣는다. 설탕의 양은 기호에 따라 조절 가능하지만 15g 정도면 적당하다.

2. 차가운 물 400ml를 붓고, 원하는 경우 카르다몸 가루를 2g가량 첨가한다.

3. 설탕이 다 녹을 때까지 잘 젓는다. 주전자를 불에 올리고 내용물이 끓어오를 때까지 열을 가한다. 끓어넘치기 직전 재빨리 주전자를 들어올려 가볍게 젓는다.

4. 주전자를 다시 불에 올리고, 넘치려 하면 다시 들어올려 젓는다.

5. 물이 세 번째 끓어오르면 불에서 내리되 이번에는 내용물을 젓지 않는다. 추출물을 터키식 커피잔에 따라내고 잠시 후 마신다.

모카포트 추출
Moka Pot

흔히들 모카포트로 만든 커피를 에스프레소라고 오해하는데, 이는 사실이 아니다. 에스프레소는 에스프레소 머신으로만 추출할 수 있다. 또 다른 오해는 모카포트는 끓는 물로 추출하기 때문에 과다 추출이 발생하고, 그 결과 시커멓고 쓴 (언뜻 보기에 에스프레소 같은) 음료가 만들어진다는 것이다. 물론 정해진 규칙을 잘 따르기만 하면 모카포트로도 충분히 맛있는 커피를 만들 수 있다.

별 볼일 없었던 모카포트의 첫 등장

모카포트가 처음 세상에 등장한 것은 1933년이다. 당시 특허를 등록한 알폰소 비알레티(Alfonso Bialetti)는 '모카 익스프레스(Moka Express)'라는 이름으로 모카포트를 판매했지만 처음에는 반응이 신통치 않았다. 그러다 제2차 세계대전 이후 인기를 얻게 되었고, 독특한 알루미늄 재질과 디자인의 모카포트는 가정에서 편리하고 저렴하게 커피를 마시려는 이들을 중심으로 널리 퍼져 나갔다.

모카포트의 작동 원리는 펌프형 여과기(Pumping Percolator)의 작동 원리와 비슷하다. 여과의 방향만 다를 뿐이다. 이런 방식의 추출 기구는 1833년 영국의 새뮤얼 파커(Samuel Parker)가 처음 발명했지만, 인기를 끌게 된 것은 비알레티의 모카 익스프레스가 등장한 이후다. 비알레티의 모카포트는 등장 10년 만에 2,000만 개 이상이 팔려나갔으며, 간편한 가정용 커피 추출기의 대명사가 되었다.

어떤 모카포트를 고르는 게 좋을까?

너무 큰 용량의 모카포트는 피하는 것이 좋은데, 가열장치가 충분하지 않으면 추출 시간이 너무 길어져 과다 추출의 위험이 커지기 때문이다. 모카포트의 크기가 클수록 추출 시간이 길어지므로 과다 추출을 피하기 위해서는 원두를 더 굵게 갈아서 사용해야 한다.

이쯤 되면 감이 오겠지만 모카포트 추출은 실로 상당한 기술이 필요한 작업이다. 어찌 보면 모카포트 입장에서는 참 억울할 것도 같다. 모카포트를 주기적으로 사용하는 사람들 중에도 정확한 사용법을 따르는 이는 거의 없고, 제대로 된 모카포트 커피를 마셔보지도 않고 일단 비난하는 이들만 많으니 말이다.

그러나 잘만 하면 충분히 만족스런 결과를 얻을 수 있기도 하다. 모카포트 추출시에는 미디엄에서 다크 정도로 로스팅한 원두를 사용하는 것이 좋으며, 경우에 따라 라이트로스팅도 괜찮다.

· How to ·

모카포트
Moka Pot

분량 : 진한 농도 2잔 (200ml 모카포트 사용) | **추출 비율 :** 1:5 (원두 40g : 물 200ml) | **분쇄 :** 고운 필터용

1

무게추가 없는 모카포트라면 우선 물 1리터를 별도로 가열해 준비해둔다. 무게추가 있는 제품이라면 찬물을 사용해도 무방하다.

2

원두 40g을 분쇄해 바스켓에 채운다.

3

모카포트 하단부에 온수 200ml를 부은 후 상단과 결합한다.(하단부에 물을 채울 때 압력밸브 선을 넘어가서는 안된다.)

4

5

모카포트를 중불의 버너 위에 올린다. 뚜껑을 열고 커피가 배출되는 모습을 주의 깊게 관찰한다. 추출 속도가 너무 빠르다 싶으면 불을 줄여 조절한다. 추출액이 올라오다가 거품으로 바뀌며 소리가 나기 시작하면 거의 다 올라온 것이므로 이 시점에서 불을 끈다.

모카포트를 버너에서 내리고 추출이 더 진행되지 않도록 하단부에 재빨리 찬물을 끼얹는다. 커피를 잔에 따르고 잠시 식힌 후 마신다.

콜드브루 추출
Cold Brewing

콜드브루는 말 그대로 찬물로 추출하는 방식이다.
우리가 잘 아는 더치커피가 바로 콜드브루 방식으로 만든 커피다.
콜드브루 커피는 냉장고에 1주일 이상 보관할 수 있으므로 미리
만들어두었다가 필요할 때 꺼내서 데워 마시거나 얼음
넣은 잔에 부어 아이스커피로 마시면 제격이다.

'커피의 눈물'이라 불리는 콜드브루 커피

찬물로 우려내기 때문에 온수로 추출할 때와는 다른 맛 성분이 녹아나오며, 원산지에 따른 원두의 특성을 더 잘 살릴 수 있다. 콜드브루 커피를 처음 마시는 이들은 부족한 산미에 실망하기도 한다. 이유는 추출 과정에서 열을 가하지 않았기 때문이다. 산미가 부족한 것은 사실이지만, 콜드브루 커피는 일반 커피는 내지 못하는 특별한 향미를 내기도 하므로, 커피의 다양한 세계를 두루 경험해보기를 원하는 이들에게 충분히 추천할 만한 음료다.

느려도 괜찮아! 콜드브루의 고전적인 방법

콜드브루는 다양한 방법이 활용되고 있지만, 기본 원리를 봤을 때는 시간

을 들여 물과 원두의 혼합물을 필터로 걸러내는 고전적인 여과법이 대부분이다. 그런데 이에 들여야 하는 시간이 꽤 길어서, 대부분 12시간 이상의 시간이 소요된다. 추출 속도는 물의 온도가 높을수록 빨라진다. 그러므로 물의 온도가 낮다는 것은 시간이 더 걸린다는 말이 된다. 실수로 티백에 찬물을 부어본 적이 있다면 무슨 말인지 알 것이다.

콜드브루의 경우 커피가 한 방울 한 방울 만들어진다. 각종 필터뿐 아니라 프렌치프레스나 에어로프레스를 활용해서도 콜드브루 커피를 만들 수 있으며, 그 외에도 열을 직접 가하지 않는 방식의 추출 기구라면 무엇이든 사용할 수 있다.

찬물 추출로 인해 부족해진 산미를 보충하기 위해서 도입된 기술이 하나 있는데, 바로 직접적인 추출에 들어가기 전 커피층에 온수를 부어 뜸을 들이는 것이다. 온수로 뜸을 들이면 원두 내부의 이산화탄소를 미리 한 번 빼줄 수 있고, 물의 투과성과 초기 추출 속도를 올려준다는 장점이 있다. 온수로 뜸을 들인 후에는 마찬가지로 찬물로 추출을 진행하면 된다.

· How to ·

 콜드브루
Cold Brewing

추출 비율 : 1:5 (원두 100g : 물 500ml) | **분쇄** : 고운 필터용

1

수조를 제외한 추출기를 전자저울 위에 올린다.

2

원두를 100g 분쇄해 중앙부의 체임버에 넣는다. 뜸 들이기를 진행하려면 저울을 0에 맞춘 후 체임버 안의 커피층에 온수 180ml를 붓고 젓는다.

3

체임버 위에 수조를 올리고 저울을 0에 맞춘다. 앞서 뜸 들이기를 진행했다면 물 320ml를, 뜸 들이기를 진행하지 않았다면 500ml를 붓는다.

4

◆ 이렇게 추출한 커피는 그냥 희석해 마셔도 맛있지만 더욱 다양한 방법으로 즐길 수도 있다. 우선 아무래도 부족한 산미가 아쉽다면 라임즙을 조금 짜 넣어 상큼하게 즐기는 것부터 시작해보자. 달콤한 음료를 원한다면 얼음 잔에 커피를 넣고 아가베시럽을 조금 첨가하면 된다.

5

6

수조의 밸브를 조정해 물이 1초에 한 방울씩 떨어지도록 한다.

12시간에서 24시간가량 추출한다.

추출한 커피는 냉장보관하고 취향에 따라 희석해 마시거나 아이스커피로 즐긴다. 희석할 경우 커피와 물을 1:2 정도의 비율로 섞으면 된다.

프렌치프레스 추출
The French Press

침출식 추출 기구인 프렌치프레스는 추출 과정을 쉽게 제어할 수 있고 바디감이 풍부한 커피를 제조할 수 있다는 장점이 있다. 그러나 종이 필터로 추출한 여과식 커피에서 느낄 수 있는 깔끔함과 산미는 기대할 수 없다.

카페티에르(Caterière), 혹은 플런지 포트(Plunge Pot)라고도 불리는 프렌치프레스는 유럽 가정에서 커피를 만들 때 가장 즐겨 사용하는 추출 기구다. 프렌치프레스는 여타 커피포트와 비슷한 모양이지만 가운데 달린 손잡이로 필터를 내리면 미세한 입자를 제외하고 원두 입자를 바닥으로 걸러낼 수 있다.

프렌치프레스를 사용할 때 가장 필요한 것은 인내심과 섬세한 손길이다. 프렌치프레스로 추출한 커피를 마셨을 때 바닥에 찌꺼기가 많이 남는다면 그것은 추출 기술이 서툴러 필터를 빠져나간 원두 가루와 미분이 많다는 증거다.

미분을 완전히 막기는 어렵다. 어떤 분쇄기를 써도 미분 발생 자체를 막을 수는 없다. 추출 후 커피를 따를 때 거름망을 쓰면 조금 걸러낼 수는 있으나 아예 없앨 수는 없다. 그래도 추출시 떠오르는 거품을 스푼으로 떠내거나 필터를 조심해서 내리고 추출 후 잔에 따르기 전 잠시 기다리는 등의 방법으로 줄일 수 있다.

찌꺼기가 거슬린다면 추출 후 종이 필터에 한 번 거르는 것도 좋은 방법이다. 바디감은 조금 감소할 수 있으나 농도에는 변화가 없을 것이고 조금 더 맑은 느낌의 커피를 즐길 수 있을 것이다.

프렌치프레스 고르기

- 필터가 포트에 꼭 맞게 밀착되는 제품이 좋다.
- 스테인리스 스틸 제품의 경우 열 손실이 비교적 빠르므로 이중벽 구조의 제품이 좋다.
- 금속 필터보다는 나일론 필터가 좋다.
- 되도록 용량을 다 채워서 사용할 수 있도록 너무 크지 않은 제품으로 선택한다. 큰 용량의 제품에 물을 일부만 넣어서 사용하면 온도를 용기에 빼앗길 수 있다.

· How to ·

프렌치프레스
The French Press

분량 : 2잔 | **추출 비율 :** 1:15 (원두 20g : 물 300ml) | **분쇄 :** 굵은 분쇄용

1

뜨거운 물을 부어 프렌치프레스를 예열한 후 물을 버린다. 프렌치프레스를 전자저울 위에 올려놓는다.

2

원두 20g을 분쇄해 넣는다.

3

물 300ml를 붓는다.

4

가볍게 젓고 30초가량 기다린다.

5

스푼을 사용해 추출액 표면에 떠오른 오렌지색 거품을 떠낸다.

6

뚜껑을 덮고 필터를 조심스럽게 내린다. 필터가 잘 내려가지 않으면 누르는 힘을 줄이거나 잠시 멈췄다가 다시 진행한다.

7
필터를 다 내린 후에는 5분가량 기다리며 추출액에 휴지기를 준다.

8
커피잔 2개를 놓고 조금씩 양쪽에 따른 후 나머지를 채운다. 추출액을 이렇게 번갈아가며 따르면 양쪽의 커피 입자 농도를 비슷하게 조절할 수 있다. 프렌치프레스 내부의 추출액은 끝까지 따르지 말고 조금 남긴다.

필터 커피 추출
Filter Coffee

인류는 수천년 동안 여과장치를 사용했다.
기원전 1500년경 만들어진 고대 이집트 고분의
벽화에서도 물을 여과하는 듯한 도구의 모습을 볼 수 있다.
오랜 역사를 가진 여과장치가 커피에 접목되면서
필터 커피는 다양한 방식으로 발전했다.

유럽에서 필터 커피는 단순한 블랙커피

커피를 걸러 마시기 시작한 것은 17세기 말부터다. 필터는 모양과 형태를 막론하고 정말 유용한 발명품임에 틀림없다. 필터가 널리 보급된 것은 산업화 이후인데, 이 말은 상류층이 아닌 일반인은 20세기 들어서야 필터로 거른 커피를 마시기 시작했다는 의미다. 요즘에는 금속, 나일론, 종이, 헝겊 등 다양한 재질로 만들어진 필터가 존재하지만, 이러한 필터가 개발되기 전에는 말총이나 마, 실크, 도자기 등으로 만든 제품이 주를 이루었다.

'필터 커피'가 어떤 커피를 의미하는지는 지역에 따라 다르지만, 많은 유럽 국가에서 필터 커피는 단순히 블랙커피를 의미한다. 사실 제조 방식을 막론하고 모든 커피는 원두를 걸러내는 여과를 거치므로 일견 맞는 말이다. 그러나 이 책에서 정의하는 필터 커피, 혹은 여과식 커피는 '투과성 있는 물체의 내부 혹은 위에 원두 가루를 놓고 중력의 힘으로만 물을 통과시켜 추출한 커피'로 한정한다. 즉 침출이나 펌핑, 진공, 압력 등의 개입이 있는 추출법은 필터 커피가 아니라는 말이다.

필터를 사용한 추출은 비교적 쉽고 깔끔하기 때문에 가정에서 활용하기에 좋다. 필터 커피 제조에는 원두를 담을 필터, 필터를 지지해주는 드리퍼 등의 용기, 밑에 받쳐놓고 추출액을 받을 포트가 필요하다. 원리는 단순하다. 원두에 물을 부으면 추출액의 무게에 눌려 필터를 통과한 커피가 포트에 모인다.

여과식 추출의 경우 프렌치프레스나 에어로프레스에 비해 원두와 물의 접촉 시간을 제어하기 힘들기 때문에 추출 결과의 일관성을 유지하기가 어렵다. 필터 커피 추출시 원두가 물에 닿는 시간을 조절하기 위해서는 물을 따르는 속도와 원두의 양, 분쇄도를 잘 이용해야 한다.

세심하고 정교하게! 물 따르기 기술

원두를 어떤 방식으로 물에 적시고 어떤 방식으로 자극할지는 필터 커피에서 매우 중요한 요소다. 물을 따르는 기술은 추출 시간이나 온도에 큰 영향을 미치며, 결과적으로 맛에도 결정적인 역할을 한다.

물을 너무 빨리 따라 필터 안에 담긴 물의 양이 많아지면 무게 때문에 커피가 더 빨리 내려간다. 또한 추출액에 닿은 드리퍼의 온도도 같이 올라가기 때문에 전반적인 추출 온도가 높아진다. 한편 알루미늄같이 열 전도성이 높은 재질로 만든 드리퍼는 그냥 쓸 경우 추출액의 열을 빼앗아가므로 예열이 필요한 경우도 있다. 플라스틱 드리퍼는 단열 능력이

> **Barista's Tip**
> 물을 따를 때 가장 중요한 것은 분쇄된 원두를 골고루 적셔주는 것이다. 적절한 속도로 물을 따르며 원두를 자극해줘야지만 액체의 흐름을 활성화하고 추출을 도울 수 있다.

뛰어난 편이어서 추출이 진행되는 동안 온도를 안정적으로 유지할 수 있다.

한편 물을 너무 천천히 따르면 추출액이 단맛을 이끌어내는 목표 온도에 도달하지 못한 채 필터 안에서 너무 오래 머물며 과다 추출되어 쓴맛이 강해질 가능성이 있다.

뜸 들이기

뜸 들이기 과정은 블루밍(Blooming, 꽃 등이 활짝 핀 모양)이라고도 하며, 이름에서도 알 수 있듯 커피가 피어나는 아름다운 모습을 표현한 것이다. 필터 속의 신선한 원두 가루는 물을 만나면 부풀어오른다. 원두가 수분을 빨아들이고 이산화탄소를 배출하면서 탄산가스가 형성되는데, 바로 이 탄산가스가 물과 원두의 혼합물을 부풀어오르게 하는 것이다. 이 탄산은 우리가 콜라 등의 탄산음료에서 보는 것과 같은 종류다. 물을 머금은 커피층은 탄산가스를 내뿜으며 점점 부풀어오르는데, 아주 신선한 커피의 경우 10초 내에 2배까지 부풀어오른다.

블루밍 과정은 살아 숨쉬는 커피를 느낄 수 있다는 점에서 시각적 만족을 주는 과정이자, 필터 커피 제조에서 맛있는 커피를 만들기 위한 필수 과정이다. 원두에서 방출되는 이산화탄소는 물의 접근을 막는 장벽으로 작용하며, 신선한 원두에 물을 붓고 곧바로 추출을 진행하면 원두가 지닌 소중한 맛을 추출하기가 어렵다. 이런 의미에서 뜸 들이기는 본격적인 추출을 시작하기 전 이산화탄소를 배출해주는 과정이다.

침출식 추출에서는 어차피 원두가 물을 충분히 머금을 수 있도록 푹 담근 후 저어주기 때문에 뜸 들이기가 크게 필요하지 않지만, 필터 커피 추출시에

케맥스(Chemex) 드리퍼는 지난 70년간 절대적인 지지층을 거느린 고전으로 자리잡았으며, 뛰어난 아름다움으로 뉴욕현대미술관에도 전시되었다.

는 물이 원두에 잘 접근할 수 있도록 10~20초 정도 뜸을 들이는 것이 필수적이다. 또한 뜸 들이기는 커피층을 고르게 정돈해서 고른 추출을 가능하게 해준다.

헝겊 필터 추출
Cloth-Filter Brewing

헝겊 필터는 잘만 활용하면 맛있는 커피를 만들 수 있는 훌륭한 도구다. 헝겊 필터는 재사용이 가능하지만 사용 횟수에 제한이 있고, 금속이나 나일론으로 된 재사용 필터와는 매우 다른 스타일의 커피를 만들어내기 때문에 재사용 필터 항목에 포함시키지 않았다.

편하고 대중적인 헝겊 필터의 역사

헝겊 필터는 18세기 초 처음 등장했다. 초기의 헝겊 필터는 크게 2가지 형태로 나눌 수 있는데, 하나는 커피포트 주둥이에 헝겊을 부착해 딸려 나오는 원두 가루를 거르는 형태였고, 다른 하나는 포트 윗부분에 모슬린 천으로 된 주머니를 달아 그 안에 원두 가루를 넣고 우려낼 수 있게 한 형태였다. 헝겊 필터는 프렌치프레스의 장점인 풍부한 질감은 살리면서도 단점인 텁텁한 맛은 잡아준다.

천 주머니가 달린 커피포트를 비긴포트(Biggin Pot)라고 부르기도 했는데, '안에 주머니가 있다'는 의미의 백인(Bag-in)이라는 단어에서 파생됐다는 말도 있고, '아래로 거르다'는 의미의 네덜란드어 베겔린(Beggelin)에서 왔다는 주장도 있다. 헝겊 필터가 달린 옛날 비긴포트는 골동품 시장에서 귀한 몸이 되었지만, 비교적 최근에 나온 에나멜 제품은 어렵지 않게 찾을 수 있다.

헝겊 필터, 막혀버리면 큰일

종이 필터와 비교해봤을 때 헝겊 필터의 가장 큰 장점은 향미 성분이 풍부한 지방질을 거르지 않고 살려낸다는 점이다. 반면 미분이 천 조직에 끼어서 막힐 수도 있고, 세척과 관리가 어렵다는 점이 단점이다.

추출 중 필터가 막히면 커피에는 치명적인 영향을 줄 수 있다. 추출액이 필터를 빠져나가지 못해 과다 추출이 일어날 수 있기 때문이다. 그렇다고 막힘을 방지하기 위해 굵게 분쇄한 원두를 사용하면 추출액이 너무 빨리 빠져나갈 수 있으므로 원두의 분쇄도에 늘 신경 써야 한다.

Barista's Tip
헝겊 필터 아래쪽의 뾰족한 모서리를 통과하며 발생하는 여과를 체적 여과(Volume Filtration), 옆 부분의 넓은 면을 통과하며 발생하는 여과를 표면 여과(Surface Filtration)라고 한다.

· How to ·

 헝겊 필터
Cloth-Filter Brewing

분량 : 1잔 | **추출 비율** : 1:12 (원두 20g : 물 240ml) | **분쇄** : 고운 필터용

1

뜨거운 물을 다량 부어 필터를 적신다. 전자저울 위에 커피잔을 올린다. 원두 20g을 분쇄해 필터에 붓는다.

2

저울을 0에 맞추고 필터를 커피잔 위로 가져간 후 물 50ml를 원두 가루 위에 골고루 붓는다. 30초 동안 뜸을 들인다.

◆ 물을 균일하고 정확하게 붓기 위해 주둥이가 긴 드립용 주전자를 사용했다.

3

4

나선형을 그리며 물 190ml를 천천히 붓는다. 밖에서 안으로 나선형을 그린 후 다시 안에서 밖으로 나선형을 그리는 형태로 진행하며, 물 빠짐 속도에 맞춰 물을 붓는 속도를 조절한다. 추출액이 모두 여과될 때까지 1~2분 정도 기다린다.

4~5분간 식힌 후 서빙한다. 커피를 식히는 동안 필터를 세척해 물통에 담은 채로 냉장고에 보관한다.

종이 필터 추출
Paper-Filter Brewing

종이 필터를 이용한 추출은 '푸어오버(Pour-Over)'
혹은 '드립(Drip)'이라고 불린다. 종이 필터는 깔끔하고
맛있는 커피를 저렴하게 만들 수 있는 좋은 도구이며, 휴대가
간편해 여행지나 직장에서 편리하게 사용할 수 있다.

종이 필터의 역사는 언제부터 시작되었나?

17세기 이래 커피 애호가들 사이에서는 커피 추출에 종이 필터를 사용해 보려는 움직임이 꾸준히 있었다. 1600년대 말에는 종이 필터가 내장된 추출 기구의 특허가 출원되기도 했다. 그러나 당시의 종이는 추출에 적합하지 않았기 때문에 제 기능을 다하지 못했을 가능성이 높다. 1843년에는 목재 펄프가 개발되었고, 그 이후 습윤 강도(종이가 물에 완전히 젖었을 때의 강도), 투과성, 여과 능력, 물 빠짐 속도 등이 개선된 종이가 등장했다.

종이 필터가 인기를 끌게 된 데는 경제적인 이유도 크게 작용했다는 기록이 있다. 다른 추출법에 비해 원두를 곱게 분쇄하므로 사용량을 줄이면서도 추출량을 늘릴 수 있었기 때문이다.

종이 필터 추출에 진정 혁신적인 변화가 나타난 것은 1908년에 이르러서

였다. 독일의 주부 멜리타 벤츠(Melitta Bentz)가 동그란 종이 필터를 깔고 분쇄 원두를 올려 커피를 1잔씩 추출할 수 있는 작은 드리퍼 컵을 개발한 것이다. 알루미늄 재질의 이 드리퍼는 간편함과 뛰어난 효과 덕에 불티나게 팔려나갔다. 오늘날 우리가 자주 사용하는 깔때기 모양의 드리퍼는 1930년대에 등장했다.

종이 필터 사용법

종이 필터를 사용한 추출의 가장 큰 장점은 깔끔한 커피 맛이다. 종이 필터로 추출하면 커피의 단맛을 살리기에 용이한 반면, 아무래도 프렌치프레스 커피에서 느낄 수 있는 바디감은 줄어든다. 필자의 개인적인 생각이지만 드립 커피 특유의 붉은빛 나는 짙은 갈색이 단맛을 더 강하게 느끼도록 만드는 것 같기도 하다.

현재 시중에서는 다양한 드리퍼와 필터가 판매되고 있으며, 형태와 용도에 따라 다르게 활용할 수 있다. 예를 들어 칼리타(Kalita) 드리퍼의 경우 옆면에 골이 파여 있고 평편한 바닥에 작은 추출 구멍이 뚫려 있어 추출 속도가 비교적 느린 편이다. 이러한 형태 덕분에 소량의 원두를 추출해도 물이 금방 내려가지 않아 과소 추출을 어느 정도 방지할 수 있다는 장점이 있다.

전세계 수많은 카페에서 사용하고 있는 하리오 V60은 뾰족한 깔때기 모양이며 바닥에 큰 추출 구멍이 하나 뚫려 있다. 추출 속도가 비교적 빠르고, 이를 조절하기 위해서는 원두를 더 곱게 분쇄하거나 원두의 사용량 자체를 늘려 커피층의 저항을 크게 만들어야 한다.

· How to ·

 종이 필터
Paper-Filter Brewing

분량 : 2~3잔 | **추출 비율** : 1:15 (원두 32g : 물 480ml) | **분쇄** : 필터용

1

필터와 드리퍼, 커피잔을 전자저울 위에 놓는다.

2

필터에서 종이 맛이 우러나지 않도록 따뜻한 물을 충분히 부어서 씻어내리고 물을 버린다.

3

원두 32g를 분쇄해 필터에 담는다.

4

저울을 0에 맞추고 뜨거운 물 50ml를 원두 위에 골고루 붓는다.

5

30초 동안 뜸을 들인 후 짧게 젓는다.

6

원두를 골고루 적시며 물 430ml를 천천히 나선형으로 붓는다. 물의 높이는 필터의 3분의 4가량을 채울 정도를 유지하며, 드립포트 안의 물을 모두 사용할 때까지 천천히 부으면 된다. 추출액이 모두 여과될 때까지 2~3분 정도 기다린다.

7

드리퍼를 치우고 4~5분 정도 식힌다.

재사용 필터 추출
Reusable Filters

요즘에는 커피를 추출할 때 대부분 청결하고 저렴한 일회용 종이 필터를 사용한다. 그러나 200년 전에는 이런 발명품이 존재하지 않았다. 금속 필터는 종이나 헝겊처럼 몇 번 사용한 후 버릴 필요가 없고, 커피 맛에 미치는 영향 또한 적기 때문에 인기를 끌었다.

쓰고 또 쓰는 경제적인 필터

최초의 금속 필터는 프랑스의 드 벨로이(De Belloy)가 발명한 것으로 되어 있다. 안타깝게도 드 벨로이의 금속 필터에 대한 자료는 많이 남아 있지 않지만, 기본적으로 포트에 장착된 구멍 뚫린 금속판으로 커피를 거르는 형태였던 것으로 추정된다.

금속 그물망을 처음 적용한 제품은 1887년 개발된 독일의 아른트쉐 필터였는데, 이 제품은 1900년 파리에서 개최된 세계박람회에서 금메달을 수상하기도 했다. 생김새는 캠핑 컵과 비슷했으며, 위에 뚜껑이 달려 있고 바닥은 평편한 금속 그물망 필터였다.

요즘 나오는 금속이나 나일론 필터는 대부분 구멍이 작고 촘촘한데, 이로 인해 추출시에 2가지 문제가 발생한다. 하나는 커피층의 저항이다. 물론 원두를 굵게 분쇄하면 저항은 줄어들지만, 대신 물이 너무 빨리 통과해 커피가 과소 추출될 위험이 있다. 과소 추출을 막으려면 원두를 더 곱게 분쇄하면 되지만, 이렇게 하면 원두 가루가 필터 구멍을 통과해 커피에 들어갈 가능성이 있다. 그 결과 커피 맛이 텁텁해질 수 있으며, 최악의 경우 원두 가루가 씹힐 수도 있다.

그렇다면 어떻게 해야 과소 추출과 텁텁한 맛 둘 다를 피할 수 있을까? 답은 원두 가루의 양을 늘려 커피를 많이 추출하는 것이다. 필터 내부의 원두 양이 많아지면 원두를 곱게 분쇄하지 않아도 커피층의 저항이 커져 과소 추출을 막을 수 있고, 원두 입자 자체가 크기 때문에 커피에 미분이 섞여 들어갈 위험도 낮출 수 있다.

베트남식 금속 필터. 종이나 헝겊 필터보다는 효과가 떨어지지만 체나 거름망보다는 훨씬 나은 결과를 보여준다.

· How to ·

재사용 필터
Reusable Filters

분량 : 6잔 | **추출 비율** : 1:15 (원두 66g : 물 1리터) | **분쇄** : 필터용

1 원두 66g을 분쇄해 필터에 넣는다.

2 전자저울 위에 서버와 필터를 올린다. 온수를 1리터 준비한다.

3 저울을 0에 맞추고 물 100ml를 원두 위에 골고루 붓는다. 30초간 뜸을 들인 후 짧게 젓는다.

4 바깥에서 안쪽으로 나선형을 그리고, 남은 물을 원두 위에 천천히 부어 골고루 적신다. 물의 높이는 필터의 3분의 4가량을 채울 정도를 유지하며, 드립포트 안의 물을 모두 사용할 때까지 천천히 부으면 된다.

5 추출액이 모두 여과될 때까지 2~3분 정도 기다린다. 필터를 치우고 5분 정도 기다린다.

클레버 드리퍼 추출
Clever Dripper

클레버 드리퍼는 말 그대로 '똑똑한' 드리퍼다.
외형은 여느 플라스틱 드리퍼와 비슷하지만, 하단에 달린
밸브로 추출 시간을 조절할 수 있다. 종이 필터를 사용하는 깔끔한
여과식 추출과 프렌치프레스 혹은 에어로프레스를 사용하는
침출식 추출을 접목한 것이 가장 큰 장점이다.

시간과 분량을 조절하는 똑똑한 드리퍼

클레버 드리퍼는 플라스틱으로 되어 있으며, 뚜껑이 있어서 우려내는 동안 추출액의 온도를 유지할 수 있다. 평평한 바닥에서는 밸브가 열리지 않다가 드리퍼를 컵이나 서버 위에 올리면 자동으로 열리면서 커피가 내려간다. 필터는 밑면이 있는 형태의 일반적인 4~6인용 종이 필터를 사용하면 된다.

뜨거운 물을 통과시켜 바로 추출하는 일반적인 드립커피와 달리 별도의 뜸 들이기 과정은 불필요하다. 어차피 필터에 물을 채우고 우려내며 추출액을 저어주는 과정에서 원두가 물을 충분히 머금기 때문이다. 이미 말한 대로 일반적인 드리핑에서는 물이 너무 빨리 통과해 커피가 덜 우러나는 것을 방지하기 위해서 뜸 들이기가 필수다.

물론 추출액이 여과지를 통과하며 바디감을 약간 잃는 것은 어쩔 수 없지

만, 원두를 더 굵게 분쇄하거나 추출 시간을 늘리는 방법으로 커피 맛을 어느 정도 조절할 수 있다.

클레버 드리퍼를 이용한 추출에는 정답이 없으며, 추출법은 각자의 취향에 달려 있다. 전통적인 여과식 추출에 따라 재빠르게 내리는 것도, 프렌치프레스 방식에 따라 몇 분간 침출하는 것도 가능하다. 여기 소개하는 방법은 둘의 중간쯤에 해당하는 추출법이다.

클레버 드리퍼는 자연스런 중력의 힘으로 커피액을 추출하며 그 이름만큼 똑똑한 추출을 한다.

· How to ·

클레버 드리퍼
Clever Dripper

분량 : 1~2잔 | **추출 비율** : 1:15 (원두 22g : 물 330ml) | **분쇄** : 굵은 필터용

1. 드리퍼에 종이 필터를 끼운다.
2. 뜨거운 물을 다량 부어 필터를 흠뻑 적시고, 밸브를 열어 물을 버린다.
3. 원두를 21~24g 정도 분쇄해 필터에 담는다.
4. 드리퍼를 전자저울에 올리고 0에 맞춘 후 분쇄한 커피 위에 뜨거운 물 320~360ml를 골고루 붓는다.
5. 30초 후 짧게 젓는다.
6. 90초 동안 커피가 우러나게 둔 후 다시 한 번 짧게 젓는다. 드리퍼를 서버 위에 올려놓으면 밸브가 자동으로 열리면서 커피가 내려온다.
7. 커피가 다 내려오면 드리퍼를 치우고 약 2분간 둔다.

에어로프레스 추출
Aeropress

에어로프레스의 선풍적인 인기는 어찌 보면 우연에
가깝다. 사실 처음 에어로프레스 개발 당시의 목적은 가정용이나
휴대용으로 활용할 수 있는 저렴한 에스프레소 추출 기구를 만드는 것이었다.
하지만 완성된 제품은 완전히 새로운 방식의 추출 기구가 되었고,
발명자의 상상을 뛰어넘는 인기를 누리게 되었다.

완벽에 가까운 1인용 추출 기구, 에어로프레스!

에어로프레스는 장난감 원반 제작으로 유명한 에어로비(Aerobie)사가 2005년 내놓은 작품이다. 단순한 외관은 거대한 주사기를 연상케 하며, 비록 디자인은 화려하지 않지만 견고한 플라스틱 구조로 내구성이 뛰어나다.

에어로프레스는 원두의 분쇄도에 거의 영향을 받지 않는 유일한 추출 기구다. 굵게 간 원두로 오래 추출해도, 곱게 간 원두로 짧게 추출해도 나름의 매력을 살릴 수 있는 건 에어로프레스의 독특한 디자인과 작동 방식 덕분이다. 에어로프레스의 유일한 단점은 커피를 한 번에 1잔만 만들 수 있다는 것이지만, 세상에 완벽한 건 없으니 그 정도는 감수할 만하지 않을까?

에어로프레스에는 주로 종이 필터를 사용하지만, 금속 필터를 사용하면 프렌치프레스와 유사한 맛의 커피를 만들 수 있다.

쉽고 편하지만 가끔 막히기도 한다

　에어로프레스는 침출과 여과, 압력을 모두 사용하는 기구이므로 분쇄도와 추출 시간을 바꿔가며 진한 에스프레소에서부터 풍부한 프렌치프레스 커피까지 다양한 스타일의 커피를 제조해볼 수 있다.(물론 여기서 말하는 에스프레소는 넓은 의미에서 에스프레소 느낌을 내는 커피를 말한다.) 또한 에어로프레스는 단열효과가 뛰어난 플라스틱 재질로 만들어졌기 때문에 유리나 금속 재질 기구를 사용하는 드립보다 추출 온도를 일정하게 유지할 수 있다.

　그러나 에어로프레스에도 주의할 점이 하나 있다. 앞서 에어로프레소가 원두 분쇄도의 영향을 비교적 덜 받는다고 언급했지만, 입자가 너무 고울 경우 필터가 막히면서 커피가 전혀 내려가지 않을 수도 있다. 아무리 눌러봐도 실린더 속의 공기만 눌릴 뿐 커피는 한 방울도 내려가지 않는다면? 더 세게 눌러보는 수밖에.

에어로프레스로 2인분 추출하기

　앞서 말한 바와 같이 에어로프레스는 1인용이다. 그렇다면 2인분 이상의 커피를 추출할 때는 어떻게 해야 할까? 물론 다른 추출 기구를 사용하는 방법도 있지만, 에어로프레스로 농도를 진하게 추출한 후 적절한 비율로 물을 섞는 것이 가능하다. 고운 필터용으로 분쇄한 원두 30g을 체임버에 넣고 물을 240ml 붓는다. 약 40초간 우려내고 추출한 다음 물을 200ml 첨가하면 알맞은 농도가 될 것이다. 원두를 이보다 더 많이 넣으면 필터가 막힐 수도 있다.

· How to ·

에어로프레스 빠른 추출법
The Quick Filter Brew Method

이 추출법은 뒤이어 소개할 역방향 추출법에 비해 짧은
시간에 커피를 추출할 수 있다. 농도가 짙고 밸런스가 뛰어난 커피를
제조할 수 있으므로 강력한 맛을 즐기는 이들에게 적합하다.

분량 : 1잔 | **추출 비율** : 1:15 (원두 16g : 물 240ml) | **분쇄** : 필터용

1. 필터 캡에 종이 필터를 장착하고 뜨거운 물을 다량 부어 씻어내린다.
2. 필터 캡을 체임버에 장착한 후 커피잔이나 서버 위에 얹고 모두 전자저울 위에 올려놓는다.
3. 원두 16g을 분쇄해 체임버에 넣는다.
4. 저울을 0에 맞추고 온수를 240ml 부은 후 젓는다. 추출이 진행되도록 1분 동안 놓아둔다.
5. 추출액을 다시 짧게 저은 후 실린더를 장착하고 누른다. 추출액이 모두 여과되어 나오는 데 걸리는 시간은 20초 내외다. 잠시 (에어로프레스를 닦으며) 커피를 식힌 후 마신다.

· How to ·

에어로프레스 역방향 추출법
The Inverted Long Brew Method

이 방법은 필자가 선호하는 추출법으로, 원두가 물에 잠기는
시간을 길게 해 프렌치프레스와 유사한 맛을 낼 수 있다. 역방향 추출을
위해서는 에어로프레스를 조금 다른 방식으로 조립해야 한다.

분량 : 1잔 | **추출 비율** : 1:15 (원두 16g : 물 240ml) | **분쇄** : 굵은 분쇄용

1

필터 캡에 종이 필터를 장착하고 뜨거운 물을 다량 부어 씻어내린다.

2

체임버를 뒤집어 실린더 위에 올려놓고 실린더의 고무링이 체임버 벽면에 밀착하도록 조정한 후 1cm 가량 겹치도록 끼운다.

· How to ·

4

3

5

에어로프레스를 뒤집어진 모양 그대로 전자저울 위에 올려놓는다. 원두 16g을 분쇄해 체임버에 넣는다.

저울을 0에 맞추고 온수를 240ml 부은 다음 젓는다.

3분 동안 추출한 후 다시 짧게 한 번 젓는다. 필터 캡을 장착한 뒤 커피잔이나 서버 위에 뒤집어서 올린다.

6

실린더를 부드럽게 눌러 추출액을 밀어낸다. 추출액이 모두 여과되어 나오는 데 걸리는 시간은 20초 내외다.

7

잠시 (에어로프레스를 닦으며) 커피를 식힌 다음 마신다.

진공·사이펀 추출
Vacuum or Syphon Brewing

170년 전에 디자인된 이 제품은 놀랍게도 오늘날 우리가 사용하는 사이펀과 거의 구분이 안 될 정도로 유사한 모습이다. 진공 포트는 혁신적인 커피 제조 방법 외에도 유리로 된 최초의 커피 추출 기구라는 점에서 의미가 있다.

열을 가하며 진행되는 독특한 방식

최초의 진공 포트는 원형의 상부 플라스크와 하부 플라스크로 구성되어 있었는데, 하부에는 추출한 커피를 따라낼 수 있는 작은 수도꼭지가 달려 있고 상부에는 왕관 모양의 금속 장식이 달려 있었다. 현재의 진공 포트는 2개의 용기, 두 용기를 수평 혹은 수직으로 연결하는 연결관, 연결관 끝에 달린 여과장치(헝겊 등으로 된 필터)로 이루어져 있다.

추출 방법은 다음과 같다. 우선 첫 번째 용기에는 물을 채우고 두 번째 용기에는 분쇄한 원두를 넣는다. 첫 번째 용기를 열원 위에 올리고 가열한다. 가열이 진행되면 증기압에 의해 첫 번째 용기에 있던 물이 연결관을 타고 두 번째 용기로 이동해 물과 원두 가루가 섞인다. 이때 첫 번째 용기를 가열하던 열원을 제거하면 첫 번째 용기 내부의 압력이 낮아지면서 두 번째 용기 안에 있는 추출액을 도로 빨아들이는데, 이 추출액은 연결관 끝의 필터를 통과하며 여과되어 커피가 된다.

　진공 추출시 알아둘 점이 하나 있다. 하단 플라스크를 가열했을 때 기포가 올라오는 모습을 보고 물이 끓는다고 생각할 수 있는데, 사실은 그렇지 않다는 점이다. 플라스크 안의 물이 데워지며 생성되는 수증기의 압력이 점점 커지면서 물은 실제 끓는 온도에 도달하기 전에 상부 플라스크로 밀려올라간다. 다시 말해, 진공 포트 내부의 압력이 물이 일정 온도 이상으로 가열되는 것을 막는다는 말이다. 물이 지나치게 뜨거워지지 않는다는 것은 커피를 추출하는 데 있어서는 좋은 소식이다.

일정한 온도로 좋은 맛을 내는 추출법

　진공 추출 방식과 기타 추출 방식을 가르는 큰 차이 중 하나는 바로 추출 온도의 안정성이다. 예를 들어 프렌치프레스의 경우 높은 추출 온도에서 시작해 점점 낮아지며, 필터 방식의 경우 낮은 추출 온도에서 시작해 점점 높아진다. 또한 프렌치프레스든 필터든 추출수의 온도를 추출 기구나 주변의 공기, 커피 원두 등에 빼앗길 수밖에 없다. 추출 온도를 유지하는 것은 훌륭한 커피를 만드는 데 필수적이다. 물론 사이펀(진공)이 그러한 사실을 염두에 두고 개발된 것은 아니지만, 어쨌든 현재 사이펀은 추출 과정 내내 온도를 안정적으로 유지할 수 있는 유일한 기구다.

　진공 추출한 커피에서는 원두가 지닌 진한 캐러멜 향과 풍부한 견과류의 풍미가 두드러지게 나타난다. 이러한 맛의 차이를 추출 기술의 차이로 설명하는 경우도 있지만, 그보다는 온도로 인한 차이일 가능성이 높다.

진공 · 사이펀
Vacuum or Syphon Brewing

분량 : 1~2잔 | **추출 비율** : 1:15 (원두 22g : 물 330ml) | **분쇄** : 중간 분쇄용

1

원두 22g을 분쇄해둔다. 물 330ml를 가열해 하단 플라스크에 붓는다.

2

깨끗한 헝겊 필터를 장착한 상단 플라스크를 하단 플라스크에 비스듬히 꽂은 후 알코올램프에 불을 붙인다.

3

물이 끓기 시작하면 상단과 하단을 결합한다. 결합 시점이 너무 이르면 하단의 물이 다 데워지지 않은 상태에서 상단으로 올라가 추출 온도가 낮아질 수 있으니 주의한다.

4

상하단을 결합하면 하단의 물이 상단으로 빠르게 빨려올라간다. 이때 필터가 움직이거나 밀리면 다량의 기포가 발생하므로 스푼이나 스틱으로 고정해준다.

5

알코올램프의 불을 줄이거나 옆으로 조금 치운다. 불을 완전히 끄지 않도록 주의한다.

6

분쇄해둔 원두를 넣는다.

7

젓는다. 30초가량 두었다가 한 번 더 젓는다.

8

60초 후 알코올램프의 불을 끄면 상단의 추출액이 필터를 통해 하단으로 내려간다. 하단 플라스크의 열로 인해 커피가 과열될 수도 있으므로 추출을 마친 커피는 즉시 커피잔에 따른다. 잠시 식힌 후 마신다.

Coffee

BEST TASTING

· 커피 상식사전 특별부록 ·

지식과 교양을 갖추는
커피 3종 상식

1 · 지도로 보는 커피 생산국

2 · 커피 품종별 특징

3 · 커피 용어 57

1. 지도로 보는 커피 생산국

현재 전세계에 존재하는 국가의 3분의 1가량이 커피를 재배하고 있으며, 이들은 대부분 북회귀선과 남회귀선 사이에 위치하고 있다. 커피 재배 양식은 국가별로, 또 지역별로 다르다. 한 해에 한 번만 수확하는 국가가 있는가 하면 두 번 수확하는 국가도 있고, 연중 내내 수확하는 국가도 있다. 그럼 이제부터 커피를 생산하는 40개국의 재배 방식과 특징에 관해 살펴보도록 하자.(상업적 생산 수준에 맞지 않아 지도에는 등장하지 않는 생산국 중에서도 따로 소개할 가치가 있다고 판단되는 국가는 포함시켰다.)

▼ 커피 생산량 순위

1 브라질
2 베트남
3 콜롬비아
4 인도네시아
5 에티오피아
6 인도
7 온두라스
8 페루
9 우간다
10 멕시코
11 과테말라
12 코트디부아르
13 말레이시아
14 코스타리카
15 니카라과
16 탄자니아
17 태국
18 파푸아뉴기니
19 케냐
20 엘살바도르
21 베네수엘라
22 마다가스카르
23 카메룬

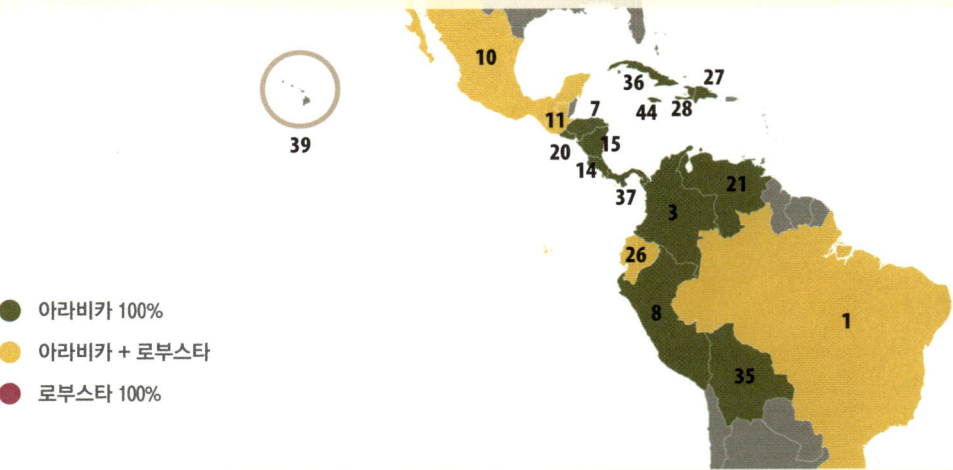

● 아라비카 100%
● 아라비카 + 로부스타
● 로부스타 100%

커피 생산국

지도는 현재 상업적 수준(연간 생산량 60kg들이 1,000자루 이상)으로 커피를 생산하는 국가를 보여준다. 숫자는 이 책을 집필한 해의 생두 생산 순위를 나타내고, 이 순위는 매년 작황에 따라 변한다. 국가별 주요 재배 품종에 따라 아라비카만 재배하는 국가, 로부스타만 재배하는 국가, 두 품종을 함께 재배하는 국가를 각각 다른 색깔로 표시했다. 참고로, 두 품종을 함께 재배하는 국가에서도 대부분 아라비카를 선호한다.

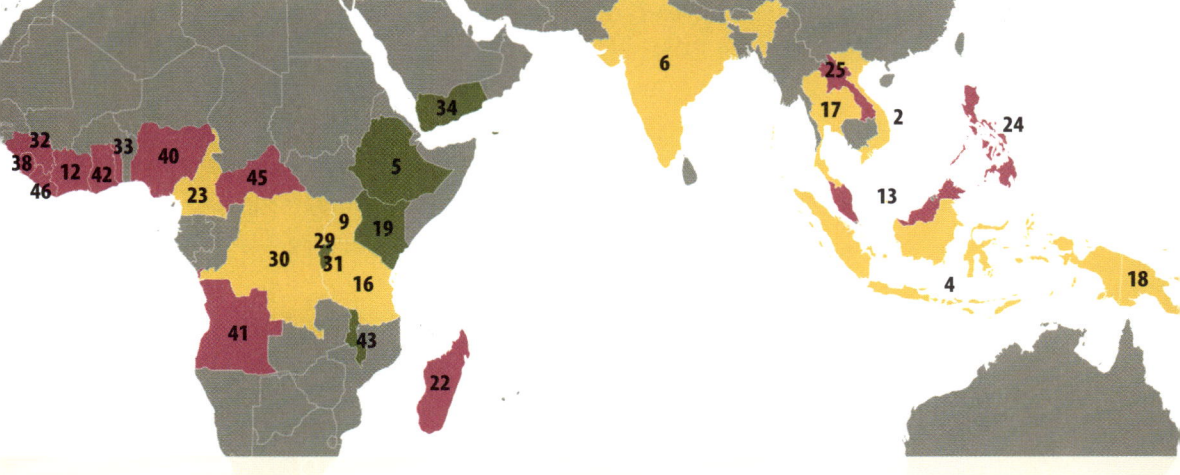

- 24 필리핀
- 25 라오스
- 26 에콰도르
- 27 도미니카공화국
- 28 아이티
- 29 르완다
- 30 콩고민주공화국
- 31 부룬디
- 32 기니
- 33 토고
- 34 예멘
- 35 볼리비아
- 36 쿠바
- 37 파나마
- 38 시에라리온
- 39 미국(하와이)
- 40 나이지리아
- 41 앙골라
- 42 가나
- 43 말라위
- 44 자메이카
- 45 중앙아프리카공화국
- 46 라이베리아

아프리카

부룬디 Burundi

부룬디는 스페셜티 커피 시장의 새로운 강자로 떠오르고 있다. 역설적이지만, 그렇다 보니 많은 이들이 부룬디 국민의 대다수가 빈곤에 시달리고 있다는 사실을 자주 잊는다. 부룬디는 2013년 세계기아지수에서 2위를 할 만큼 심각한 기아에 시달리고 있다. 부룬디는 아프리카에서 가장 작은 국가 중 하나이며, 커피는 국가 전역에서 재배된다. 커피 산업은 150개 내외의 습식 가공장을 중심으로 형성되어 있는데, 대부분은 정부의 소유지만 조금씩 민간의 참여가 늘어날 조짐도 보이고 있다. 이러한 가공장에서는 수백 개 소규모 농가에서 재배한 커피를 한데 모아 처리한다. 이러한 관행이 커피의 이력 추적을 어렵게 한다는 지적이 일자 정부에서는 로스팅 기업들에게 커피 농가에 관련된 정보를 더 많이 제공하기 위해 노력하고 있다. 이웃국가인 르완다와 함께 커피 열매의 박테리아 감염으로 발생하는 '감자취 결함(Potato Defect, 커피에 기생하는 박테리아의 분비물로 인해 생두에서 생감자의 아린 맛과 자극적인 향이 나게 되는 결함)'으로 심각한 타격을 입은 경험이 있으나, 최근에는 진정 국면에 접어든 상태다. 부룬디 커피는 르완다 커피와 유사한 향미를 낸다.

에티오피아 Ethiopia

커피의 발상지로 알려진 에티오피아는 가장 역동적인 커피 생산국 중 하나다. 커피의 발상지답게 에티오피아에서는 수천 가지에 이르는 타이피카 토착 변이종으로 만든 훌륭한 커피를 맛볼 수 있다. 에티오피아 커피에서는 향긋한 꽃 향, 달콤한 시트러스 향, 초콜릿 향, 톡 쏘는 야생 베리향, 심지어 아쌈 홍차의 부드러운 향까지 다양한 향미를 느낄 수 있다. 대체적으로 훌륭하지만 특히 하라르(Harrar) 지방에서 생산되는 내추럴 정제식 커피와 이르가체페 지역에서 생산되는 워시드 정제식 커피는 눈여겨볼 만하다.

케냐 Kenya

케냐의 최대 수출품은 전체 수출의 21%를 책임지고 있는 홍차다. 이는 커피 수출로 인한 수익의 4배에 달하는 수치다. 그러나 케냐 커피는 양보다는 질로 승부한다. 케냐 커피는 필자가 커피 맛에 눈이 번쩍 뜨이게 한 첫 커피 중 하나고, 여전히 그 놀라운 맛으로 즐거움을 주는 커피이기도 하다. 과즙이 풍부한 검붉은 색의 케냐 커피는 산뜻한 산미로 유명하며, 주로 중부와 서부에 위치한 대규모 농장이나 소규모 경작지에서 재배된다. 케냐에서는 주로 타이피카 교배종인 SL-28, SL-34, K7 등을 재배하며 워시드 정제를 거치는 경우가 많다.

말라위 Malawi

말라위에서는 저렴한 카티모르(Catimor)에서 유명한 게이샤(Geisha)까지 다양한 품종의 커피가 재배되고 있다. 카티모르와 게이샤는 품

에티오피아 여성들이 아디스아바바에 있는 바거쉬(Bagersh) 커피 공장에서 생두를 손으로 분류하고 있다. 커피는 에티오피아의 경제에 핵심적인 산업이다.

질에 있어서 그야말로 양극단에 있는 커피라고 볼 수 있는데, 이렇게 다양한 품종이 혼재하고 있는 것은 말라위가 커피 생산에 뛰어든 지 얼마 되지 않았기 때문이다. 말라위는 커피 생산량 측면에서는 거의 최하위에 속한다. 그러나 지역적 특성과 품종이 다양한 만큼 생각보다 빨리 훌륭한 말라위 커피를 만나볼 수 있을지도 모른다.

르완다 Rwanda

르완다는 오랜 기간 심각한 재난과 비극적인 사건에 시달려온 국가다. 특히 1994년 대학살은 르완다 전체 인구의 10%를 줄여놓을 만큼 끔찍한 사건이었다. 커피 산업은 르완다 재건에서 중요한 역할을 해왔고, 생산에 주력한 결과 훌륭한 버번종과 미비리지(Mibirizi, 르완다에서 나타난 버번 돌연변이종)종을 수출하게 되었다. 르완다 커피는 특유의 풍부한 과일 향으로 유명하지만, 악명 높은 감자취 결함을 주의해야 한다.

탄자니아 Tanzania

탄자니아는 에티오피아를 제외한 아프리카의 주요 커피 생산국들과 국경을 맞대고 있다. 이 사실 하나만으로도 탄자니아의 기후와 환경이 커피 재배에 적합하다는 것을 알 수 있다. 북서부의 빅토리아 호수 근처에서는 로부스타종이 널리 재배되고 있는데, 탄자니아 전체 커피 생산량의 25~30%를 차지할 만큼 규모가 크다.

케냐와 국경을 맞댄 동부에서는 킬리만자로산을 둘러싼 화산 토양의 고원지대에서 버번종과 켄트종, 타이피카종을 중심으로 한 아라비카 재배가 주를 이루고 있다.

우간다 Uganda

우간다는 에티오피아의 뒤를 잇는 아프리카 2위의 커피 생산국이다. 시중에서 고품질의 우간다 커피를 볼 기회가 거의 없다 보니 의아하게 느낄 이들도 있겠으나, 이는 우간다의 커피 생산이 거의 자생종 로부스타에 치우쳐 있기 때문이다. 우간다는 베트남에 이어 세계 2위의 로부스타 수출국이기도 하다. 일부 지역에서 재배하는 아라비카에서는 아프리카 고지대에서 재배해 워시드 정제를 거친 커피 특유의 상큼함이 느껴진다. 서부 지역에서 재배되어 내추럴 정제를 거친 묵직한 커피는 드루가(Drugas)라는 별칭으로 불리고 있고, 워시드 정제를 거친 커피는 우가(Wugar)라고 부른다.

잠비아 Zambia

잠비아는 커피 재배 신생국 중 하나이며, 스페셜티 커피 시장에 뛰어든 지는 얼마 되지 않았다. 커피의 생산과 가공을 위한 기반이 닦인 지 50년이 채 되지 않았는데, 이걸 뒤집어 생각하면 처리시설과 방식이 다른 국가에 비해 현대적이라는 말이기도 하다. 특히 생산량의 과반수 이상을 책임지고 있는 대규모 농장의 처리시설이 잘 발달되어 있다. 잠비아 커피는 여러모로 '주목할 만한 신인'이라 할 수 있으며, 신선한 과일 향 산미를 특징으로 한다.

짐바브웨 Zimbabwe

아프리카의 다른 커피 생산국과는 반대로 짐바브웨는 커피 생산량의 급격한 감소를 경험한 국가다. 1980년대 후반 1만 5,000톤에 달하던 짐바브웨의 연간 커피 생산량이 2013년 500톤으로 감소했다. 이러한 급격한 감소는 2000년 로버트 무가베 대통령을 지지하던 흑인 무장세력들이 짐바브웨 국적의 백인들이 운영하던 커피농장을 몰수하면서 일어났다. 그 과정에서 엄청난 커피 경작지가 파괴되었고, 국제사회는 새로 설립된 농장에서 생산된 커피를 꺼리게 되었다. 유럽연합에서는 짐바브웨의 커피 산업을 살리기 위한 투자 계획을 내놓았지만, 대부분의 농장이 분쟁 지역인 동부 고원지대에 위치해 있어 투자가 쉽지는 않을 전망이다.

아메리카대륙

볼리비아 Bolivia

비교적 소규모 생산국에 속하는 볼리비아는 최근 뛰어난 품질의 커피를 선보여왔지만 연간 생산량의 감소로 미래가 불투명한 편이다. 생산량 감소에는 몇 가지 이유가 있지만 우선 지형이 험난해 운송이 쉽지 않고 국토가 육지에 둘러싸여 있어 수출을 위해서는 페루를 통해야 한다는 점이 가장 큰 어려움이다. 농가들이 수익성이 좋은 코카나무(코카인의 원료) 재배에 눈을 돌리고 있다는 점도 이미 어려운 커피 업계에 또 다른 걱정거리를 던져주고 있다.

브라질 Brazil

19세기 중반부터 세계 최대 생산국의 위치를 지켜온 브라질은 커피의 대명사라고 해도 과언이 아니다. 브라질이 연간 커피 수출로 벌어들이는 돈은 62억 달러에 달하며, 커피 생산의 효율성에 있어서만큼은 타의 추종을 불허한다. 커피 재배는 거의 기계식으로 이루어지는데, 커피 열매의 익은 정도에 상관없이 수확도 기계로 일괄적으로 하기 때문에 품질의 편차가 큰 편이다. 주로 동남부 지역에서 재배하는 아라비카종이 브라질 커피의 80%가량을 차지하며, 고급 상품은 개인 농장(브라질어로 파젠다(Fazenda)) 위주로 재배된다. 생산량이 어마어마한 만큼 브라질 커피의 특색을 몇 마디로 요약하기는 어렵지만, 버터 향과 밀크초콜릿 향, 견과류 향을 내는 낮은 산미의 브라질 커피는 확실히 자꾸만 떠올리게 하는 매력이 있다.

콜롬비아 Colombia

콜롬비아 커피는 지리적 특성이 커피 재배에 미치는 영향을 여실히 보여주는 훌륭한 예다. 커피는 북쪽에서 남쪽으로 이어지는 안데스 산맥지대를 중심으로 재배되는데, 고도와 지형에 따라 산뜻한 산미를 지닌 품종은 물론 견과류 향이나 초콜릿 향, 열대의 강렬함을 지닌 품종까지 다양한 스타일의 아라비카를 만날 수 있다. 한때 생산이력을 추적하기 어렵다는 점이 문제가 되었으나, 근래 들어서는 직거래가 점차 늘고 있다. 직거래가 늘며 뛰어난 커피도 여럿 나타나고 있는데, 그중 남부의 나리뇨(Narino) 지역과 중부의 톨리마(Tolima) 지역에서 재배된 커피가 특히 훌륭하다. 콜롬비아 커피는 커피 시장에서 어느 정도 가격대가 있는 인기 상품의 자리를 굳혀가고 있다.

코스타리카 Costa Rica

코스타리카 커피는 스페셜티 커피 세계에 첫발을 딛는 이들에게 필자가 늘 추천하는 커피다. 코스타리카 정부는 1989년부터 로부스타종 생산을 금지했는데, 이것만 보아도 코스타리카가 고급 커피 생산에 얼마나 공을 들이고 있는지 알 수 있다. 이른바 '마이크로 밀 운동(Micro-mill Revolution, 소규모 커피 가공시설을 도입해 커피의 품질을 더욱 높이고자 한 운동)'으로 소규모 농장이나 조합들이 자체적인 워시드 정제 작업장을 설치하는 경우가 늘

고 있으며, 생산이력 관리 또한 철저해 커피에 따라 커피농장뿐 아니라 농장 내의 경작 구역까지 추적할 수 있다. 많은 소규모 농장에서 허니 프로세싱 기법을 도입해, 이 방식으로 정제한 커피가 코스타리카 커피의 상징이 되기도 했다. 워시드 정제 커피에서는 균형 잡힌 단맛이 느껴지며, 허니 프로세싱이나 내추럴 정제를 거친 커피에서는 강렬한 흙 향이 느껴진다. 코스타리카의 다양한 커피는 확실히 충분한 시간을 들여 즐겨볼 만한 가치가 있다.

쿠바 Cuba

쿠바의 커피 생산량은 지난 수십년간 급격한 감소를 거듭해왔다. UN 식량농업기구(Food and Agriculture Organization)에 따르면, 1961년에는 17만 헥타르에 달하던 쿠바의 커피 경작지 면적이 카스트로의 혁명과 커피농장 국유화를 거치며 2011년 2만 6,935헥타르까지 감소했다고 한다. 국유화로 농민들의 임금도 줄어들어, 쿠바에서 아라비카종을 재배하는 농민의 수입은 전세계 커피 농가들 가운데 가장 낮은 축에 속한다. 그러나 지난 3년간 쿠바의 커피 생산량은 3배 가까이 늘었으며, 외국투자자들에게 차차 문호를 개방하게 되면 생산량이 더욱 늘어날 전망이다. 사실 쿠바의 커피 생산량 증가는 자국을 위해서도 꼭 필요한 일이다. 쿠바에서 생산된 커피의 80%가량은 국내에서 소비되며, 높은 수요를 맞추기 위한 수입 또한 계속 이어지기 때문이다. 쿠바의 주력 생산 품종은 아라비카종이며, 재배는 주로 산티아고 근처의 남서쪽 해안을 따라 뻗은 시에라 마에스트라 지역에서 이루어진다.

도미니카공화국 Dominican Republic

도미니카공화국은 카리브해 제도 국가 중 1인당 커피 소비량이 가장 높은 국가이며, 국내에서 소비하는 커피는 대부분 자국 내에서 생산한다. 이러한 방식의 생산과 소비는 대개 품질의 저하를 가져오며, 이는 도미니카공화국에서도 예외가 아니다. 아이티와 국경을 맞댄 중서부 지역에서는 부드럽고 화사한 꽃 향을 특징으로 하는 커피가 생산되기도 한다.

에콰도르 Ecuador

에콰도르는 커피 재배에 적합한 기후와 아라비카종을 키우기에 좋은 고지대 국가지만, 안타깝게도 전체 생산량 중 40%를 로부스타종이 차지한다. 생산 중인 아라비카종 중에도 품질이 낮은 것들이 많은데, 대부분 내추럴 정제를 거치며 스페셜티 커피 시장에서도 인기가 낮은 편이다. 특이하게도 일부에서는 로부스타 커피를 워시드 정제하는데, 이는 커피의 맛을 더 떨어뜨리는 요인이 되었다. 그래도 잘 찾아보면 남부 지역에서 재배된 산뜻한 꽃 향의 커피를 발견할 수도 있다.

엘살바도르 El Salvador

엘살바도르는 커피 생산국으로서 긴 역사를 자랑하며, 한때는 세계 4위의 생산국이기도 했다. 엘살바도르는 정치적 불안, 빈곤층에 대한 탄압, 시민봉기, 기나긴 군부 지배에 시달려온 국가다.(사실 수많은 커피 생산국들이 이와 비슷한 비극을 겪는다.) 커피 업계 또한 다양한 시련을 겪었으나 현재는 많은 부분 회복되었다. 주로 고지대에서 생산되며 수확량이 높지 않은 토착 버번종이 내는 달콤하고도 상큼한 맛이 엘살바도르 커피의 상징이다. 1950년대에 엘살바도르에서 발견된 파카스(Pacas)종과 마라고지페(Maragogype)종의 교배로 파카마라(Pacamara)종이 탄생했다. 일부 지역에서는 단맛과 복잡한 향미가 뛰어난 커피가 생산되는데, 아파네카-야마테펙(Apaneca-Llamatepec) 산지 근처의 후기 재배 지역이 특히 훌륭하다.

과테말라 Guatemala

과테말라에서는 매년 최대 수출품의 자리를 놓고 커피와 설탕, 바나나가 각축전을 벌인다. 지난 150년간 과테말라가 거쳐온 역사는 커피를 빼놓고는 설명할 수 없다. 19세기 말 원주민의 대량 강제이동을 불러온 것도, 20세기 CIA 쿠데타와 내전을 불러온 것도 따지고 보면 모두 커피였다. 그러나 이러한 비극을 겪으면서도 과테말라 커피는 지역적 특성이 분명한 높은 품질을 유지했다. 특히 최근 마실 기회가 있었던 과테말라 커피는 풀 향과 과즙 향이 일품이었다. 생산이력 표기가 잘되어 있는 편이니 기회가 된다면 안티구아(Antigua)와 우에우에테낭고(Huehuetenango) 근교에서 재배한 카투아이(Catuai)종과 카투라(Caturra)종을 한번 마셔보기를 권한다.

아이티 Haiti

아직 프랑스의 지배하에 있던 1780년, 아이티는 산도밍고라는 이름으로 알려져 있었다. 당시 아이티는 세계 커피의 절반가량을 생산했지만, 현재 세계 생산량에서 아이티가 차지하는 비율은 0.2%에 지나지 않는다. 아이티는 오랜 기간 정치적 불안정과 빈곤에 시달려왔으며, 최근에는 심각한 자연재해를 겪기도 했다. 아이티인 대부분은 1804년 혁명과 독립을 이끈 노예들의 후손이라는 점에서 인구 구성이 독특하다. 삼림 파괴와 토양 침식 또한 커피 생산과 수출을 감소시킨 주요 요인이다. 아이티가 성공적인 커피 생산국으로 다시 태어나기 위해서는 정부의 지원과 주요 시설 마련이 필수적이다. 아이티 커피는 대부분 내추럴 정제하나 남부 일부 지역에서는 워시드 정제를 시도하고 있기도 하다.

미국(하와이) USA(Hawaii)

비싼 인건비와 시설비 때문에 선진국에서는 커피를 재배하는 데 드는 비용이 훨씬 높다. 하지만 성공적인 마케팅에 힘입어 하와이 커피는 꽤나 고가로 팔려나가고 있으며, 그 탓에 가짜 하와이 커피도 심심찮게 발견할 수 있다. 사실 맛과 품질에 비해서는 가격이 너무 비싸다는 생각이 들지만, 발전 가능성이 보이기는 한다. 하와이 커피는 전형적인 섬 커피 스타일로, 낮은 산미와 달콤한 밀크초콜릿 향이 특징이다.

온두라스 Honduras

온두라스는 중미 지역 최대의 커피 생산국이다. 커피는 온두라스의 주요 수출품으로, 전체 수출의 15%를 차지하고 있다. 지난 40년간 이어진 정부의 지원은 온두라스의 커피 산업을 크게 성장시켰다. 정부는 커피 산업 지원을 위해 온두라스커피협회(IHCAFE)를 설립하고 커피 생산자들이 품질 향상에 활용할 수 있는 다양한 도구를 제공하는 지역별 시음장을 설치했다. 그러나 안타깝게도 정부 지원으로도 커피 녹병을 막을 수 없었고, 결국 온두라스는 2013년 국가비상사태에 빠지게 되었다. 생산이력 추적은 대부분의 경우 어렵지 않고, 버번종과 카투라종 커피를 잘 살피다 보면 상큼하고 달콤한 향미를 내는 상품을 발견할 수도 있다.

자메이카 Jamaica

블루마운틴 커피를 재배하는 자메이카의 블루마운틴 지역은 아마 세계에서 가장 유명한 커피 재배지일 것이다. 안개가 잦고 선선한 이 지역의 기후는 커피 재배에 완벽하지만, 요즘 생산되는 블루마운틴의 품질은 예전의 명성에 미치지 못하고 있다. 지금까지 쌓아온 명성을 지키기 위해서는 좀더 다양한 아라비카종을 재배하는 것이 좋을 것 같다. 생산량은 많지 않으며, 대부분 일본으로 수출되고 일부는 커피 리큐어인 티아마리아 생산에 사용되고 있다. 맛은 깔끔하고 견과류 향이 나며, 큰 특징은 없다.

멕시코 Mexico

커피 재배는 대부분 남부에서 이루어지며, 과테말라와 국경을 맞댄 치아파스(Chiapas) 지역에서 생산된 커피가 뛰어나다는 의견이 많다. 멕시코에서도 과테말라와 마찬가지로 최고급 스페셜티 커피가 생산되지만, 거의 대부분 미국으로 수출된다. 남부에서 재배한 커피에서는 초콜릿 향과 캐러멜 향, 부드러운 과일 향이

나며, 북부로 올라갈수록 바디감이 가볍고 시트러스 향이 나는 커피를 즐길 수 있다.

니카라과 Nicaragua

니카라과 정부에서는 커피 재배 농가의 재배 관행을 개선하기 위한 노력을 기울이고 있으며, 커피가 최대 수출품인 것을 감안하면 사실 당연한 일이다. 니카라과는 커피에 대한 경제 의존도가 가장 높은 국가 중 하나이며, 21세기 커피 가격 폭락 당시 은행이 3개나 파산했다. 당시 극심한 피해를 입은 농민들은 2010년 로부스타 재배를 금지하자는 시위를 벌이기도 했지만 성공하지는 못했다. 커피 가격을 잘 받기 위해서는 품질을 높여야 한다는 인식이 높아지면서 일부 농가에서는 과일 향과 복잡한 향미가 뛰어난 커피를 내놓기도 하지만 아직은 품질이 들쭉날쭉하다. 대부분의 소규모 농장이 대규모 워시드 정제식 작업장에 커피를 넘기기 때문에 생산이력 추적을 개선하는 것 또한 큰 과제로 남아 있다.

파나마 Panama

파나마 커피는 2004년 '베스트 오브 파나마(Best of Panama, 파나마 최고의 커피를 가리는 경연 겸 경매)'에서 우승을 차지한 아시엔다 라 에스메랄다(Hacienda La Esmeralda) 농장의 커피가 파운드당 20달러라는 어마어마한 가격에 낙찰되며 일약 스타덤에 올랐다. 페터슨 가족이 운영하는 에스메랄다 농장은 2004년 이후 베스트 오브 파나마 1위 자리를 석권해왔으며, 이 농장에서 생산되는 커피의 가격도 급격히 올라 2013년에는 무려 파운드당 350달러에 낙찰되는 기염을 토했다. 에스메랄다 농장에서 주로 생산하는 품종은 게이샤인데, 그 가치를 깨닫는 사람들이 늘면서 재배가 급속히 늘고 있다. 게이샤종은 꽃 향과 시트러스 향을 내며 풍미가 매우 가벼워 차 같은데, 사실 모두의 입맛에 맞는 것은 아니다. 한편 최근 파나마에 별장을 마련하는 미국인들이 계속 늘고 있는데, 이 때문에 커피 경작지가 줄어들고 있다고 하니 애꿎은 일이 아닐 수 없다. 이것의 영향으로 실제 파나마 커피의 생산량이 지난 3년간 15%나 감소했다.

파라과이 Paraguay

커피 시장에서 파라과이의 입지는 그리 크지 않다. 파라과이의 연간 커피 생산량은 60kg들이 2만 자루 정도로, 이웃나라인 브라질의 중간 규모 농장 1개의 연간 생산량에도 못 미친다. 사정이 늘 이랬던 것은 아니다. 파라과이의 커피 생산량은 1970년 최대에 달했으나 1980년대 커피파동에 이르기까지 지속적으로 감소했고, 결국 파동을 겪으며 바닥으로 떨어졌다. 그나마 아직까지 생산되는 커피는 주로 브라질 접경지역에서 재배된다. 운송이 어렵고 정부 지원도 거의 없는데다 기반시설도 부족하기 때문에 뛰어난 품질을 기대하기는 어렵다.

페루 Peru

페루 커피는 주로 고지대에 위치한 소규모 농

장의 유기농 토양에서 생산된다. 페루에서 생산되는 유기농 아라비카 커피는 가격이 저렴한 편에 속하며, 품질 또한 지속적으로 개선되고 있다. 커피 생산국으로서 페루의 성장 가능성을 생각해볼 때 이러한 추세는 정말 환영할 만하다. 최대 재배 지역은 북부의 카하마르카(Cajamarce) 주로, 페루에서 생산되는 아라비카의 70%를 담당하고 있다. 페루가 세계 9위의 커피 생산국임을 고려해볼 때 이는 엄청난 양이다. 일반적으로 페루 커피는 가볍고 밝으며 산뜻한 단맛을 내지만, 강렬한 과일 향은 부족한 경우도 있다.

푸에르토리코 Puerto Rico

푸에르토리코에서는 커피 재배 농가가 거의 사라지고 있다. 생산량은 점점 줄어 2013년에는 60kg들이 700자루에 그쳤으며, 이제 커피에 관련된 공식 통계에 아예 등장하지 않는 일도 발생하고 있다. 커피 재배 감소에는 종자와 비료 가격 상승도 한몫했지만, 가장 큰 요인은 수확 인력이 부족한 것이다. 푸에르토리코에서는 수확에 필요한 인력를 구하지 못해 다 익은 커피 열매의 3분의 1 이상이 버려진다.

베네수엘라 Venezuela

베네수엘라 커피는 거의 베네수엘라를 떠나지 않는다. 연간 생산량은 지난 30년간 무려 100만 자루 수준을 유지하고 있지만 대부분 자국 내에서 소비된다. 이는 2003년 차베스 정부가 도입한 엄격한 규제 때문이다. 1990년대 초 베네수엘라는 커피 연간 생산량의 50%를 수출했지만, 규제의 영향으로 점점 줄어들어 현재는 생산량의 2%만 수출하고 있다. 이런 이유로 베네수엘라 커피는 시중에서 보기 어렵다.

아시아, 호주, 주변국

호주 Australia

미국(하와이)을 제외하면, 호주는 커피를 상업적으로 재배하는 유일한 선진국이다. 그러나 생산량은 많지 않고, 품종 또한 현대에 개발된 아라비카종에 한정되어 있다. 재배는 주로 동부 해안지역의 고지대에서 이루어지는데, 여타 커피 재배국에 비해 인건비가 비싸서 거의 기계식으로 수확한다.

중국 China

커피가 중국 경제에서 차지하는 비중은 매우 적지만 생산량은 해를 거듭할수록 증가하고 있으며, 2013년에는 연간 생산량 8만 2,000톤을 기록했다. 생산량은 향후 5년간 50%가량 더 증가할 것으로 보이는데, 보이차로 유명한 남부의 윈난성 지역 일부에 추가로 커피 경작지가 생길 예정이기 때문이다. 윈난성의 아라비카는 같은 지역에서 재배되는 차처럼 풍미가 향긋하고 견과류 향이 돌며 산미가 낮다. 대부분 카티모르종, 버번종, 타이피카종을 생산하고 있다.

인도 India

대부분의 아시아 지역 생산국과 마찬가지로 인도도 로부스타 커피를 대량으로 생산하지만, 일부 고품질의 아라비카도 함께 생산한다. 커피 재배는 주로 남부에서 이루어지며, 차 재배는 기후가 조금 더 서늘한 북쪽에서 이루어진다. 인도 하면 떠오르는 커피인 몬순 말라바(Monsoon Malabar)의 이름은 생두를 물에 적셔 불리는 방식으로 습한 몬순 기후의 환경을 재연하는 몬순 기법에서 온 것이다. 커피 열매를 습한 환경에 노출시킴으로써 인도 커피 특유의 무겁고 야성적인 맛이 한층 강화된다. 인도 커피 업계는 다양한 품종을 재배하기 위한 노력을 기울이고 있으며, 그 덕에 고품질의 아라비카 커피 또한 시장에 속속 등장하고 있다.

인도네시아 Indonesia

역사적으로 인도네시아는 예멘에 이어 세계에서 두 번째로 커피를 상업적으로 재배한 국가다. 인도네시아를 구성하는 여러 섬들은 각자의 해석에 기반해 다양한 인도네시아 스타일의 커피를 재배하고 있다. 자바, 수마트라, 술라웨시에서 생산되는 커피의 양만 합쳐도 세계 생산량의 7%에 육박하는 인도네시아는 명실상부 세계 3위의 커피 생산국이다. 인도네시아에서 생산되는 아라비카는 현지에서 길링 바사(Giling Basah)라고 부르는 일종의 펄프드 내추럴 방식으로 정제되는데, 깊은 흙 향과 낮은 산미로 에스프레소 블렌드에 어울린다. 술라웨시에서 재배되는 워시드 정제 커피는 인도네시아 커피 특유의 묵직한 바디감을 잃지 않으면서도 향신료 향과 과일 향을 낸다.

네팔 Nepal

네팔의 2013년 커피 생산량은 60kg들이 5,000자루 정도의 분량이었다. 생산량 자체가 많지는 않으나 전 해와 비교해 2배, 20년 전과 비교

격차가 크기는 하지만 브라질에 이어 세계 2위의 커피 생산국인 베트남은 전세계 커피의 15%를 생산한다.

해 무려 10배가 늘어난 것이고, 이것으로 보아 생산량은 앞으로도 지속적으로 증가할 것 같다. 커피를 재배하면 옥수수나 기장 등을 재배하는 것보다 최대 3배까지 수입을 올릴 수 있기 때문에 최근 많은 농부들이 커피에 관심을 보이고 있다. 수도인 카트만두의 커피 소비량은 차 소비량을 위협할 정도로 증가하고 있다.

베트남 Vietnam

베트남이 세계 2위의 커피 생산국이라고 하면 깜짝 놀라는 사람들이 많다. 물론 1위인 브라질의 생산량에는 절반도 못 미치고 대부분 저품질의 로부스타종이긴 하지만, 어쨌든 베트남의 커피 생산량이 많은 것은 사실이다. 아라비카종은 5%가량 생산되고 있는데, 전체 커피 생산량 규모가 워낙 크다 보니 5%라고는 해도 케냐 아라비카 생산량의 2배 이상이다. 아라비카의 생산 고도를 충족할 만한 북부 고지대에서 드문드문 생산이 이루어지는데, 아직은 고품질의 원두를 기대하기는 어렵다.

필리핀 Phillipines

19세기 초 필리핀은 세계 4위의 커피 생산국이었다. 로부스타종이 1890년까지 발견되지 않았던 것을 감안하면 아마 필리핀에서 생산되던 커피의 품종은 모두 아라비카였을 가능성이 높다. 하지만 지금은 변해도 너무 변했다. 현재 필리핀에서는 대부분 로부스타와 리베리카(Liberica)를 생산하고 있으며, 리베리카는 현지에서 카펭 바라코(Kapeng Barako)라는 이름으로 알려져 있다.

태국 Thailand

태국에서는 거의 인스턴트 커피용으로 쓰이는 로부스타를 재배하지만, 북부의 치앙라이와 치앙마이 일부 지역에서는 워시드 정제를 거친 아라비카종을 생산한다. 이 지역 커피 농가들이 훌륭한 재배법을 도입하고 유기농법에 신경

쓴 덕에 커피의 결함 발생은 매우 낮은 편이다. 주요 재배 품종은 카투라, 카투아이, 카티모르, 게이샤이며, 강배전시 나타나는 달콤한 과일 향과 독특한 꽃 향이 인상적이다.

동티모르 Timor-Leste

동티모르의 커피 생산량은 2011년에서 2013년 사이 매년 10~20% 감소했다. 이러한 감소세는 그렇지 않아도 작은 동티모르 커피 업계의 불투명한 미래를 보여준다. 2002년 독립한 동티모르는 인도네시아와 누사렌가라(Nusa Tenggara)섬을 절반씩 차지하고 있다. 산이 많고 험준한 지형으로 아라비카 재배에 적합하지만 빈곤에 치여 제대로 개발하지 못하고 있다. 스타벅스에서는 동티모르에서 생산한 커피를 대량으로 사들여 아라비안 모카 티모르 블렌드를 제조하고 있다. 커피가 동티모르의 가장 큰 현금작물인 만큼, 이 신생국가의 발전에 긍정적인 역할을 해주기를 빌어본다.

파푸아뉴기니 Papua New Guinea

파푸아뉴기니의 커피 재배는 1920년대 자메이카 블루마운틴 묘목의 이식과 함께 본격적으로 시작된 것으로 알려져 있다. 현재 파푸아뉴기니 인구의 30%가량이 커피 생산에 수입을 의존하고 있으며, 생산종의 99%는 아라비카다. 동부 고원지역의 작은 마을인 고로카(Goroka) 근교에서 재배된 커피가 뛰어난데, 주요 품종은 타이피카, 문도 노보(Mundo Novo), 버번이다. 이 지역에서 재배된 커피 중 품질이 좋은 것들은 바닐라 타바코, 삼나무, 열대과일 향을 낸다.

예멘 Yemen

예멘은 커피를 세계에서 가장 오래 상업적으로 재배해온 국가로, 홍해를 바라보는 동부 해안의 산악지대에서는 깜짝 놀랄 만큼 맛있는 내추럴 정제식 커피를 만날 수 있다. 예멘 커피는 대부분 커피나무가 500그루도 안되는 소규모 농장에서 생산되며, 이러한 농장은 한 수확철당 160kg가량의 커피를 생산해낸다. 농장의 규모가 작으면 수확한 열매를 대규모 정제시설에 한데 모아 가공하기 때문에 생산이력 추적이 어려워진다. 일부 티피카종에 지역명을 붙이는 경우도 있지만, 그게 꼭 생산지를 의미하지는 않기 때문에 추적이 쉽지 않다. 예멘 커피에는 '모카'라는 단어가 유독 많이 등장하는데, 앞서 언급한 바와 같이 모카는 커피의 수출을 담당하던 예멘의 항구도시 이름이다. 예멘 커피에서는 내추럴 정제식 커피 특유의 맛과 과일 향미를 느낄 수 있다.

2. 커피 품종별 특징

- **타이피카 Typica**

  타이피카는 모든 아라비카종의 원형이다. 타이피카종은 남부 수단에서 유래해 에티오피아에서 번성했고, 7세기경 상업적 재배를 위해 예멘으로 이식되었다. 네덜란드인들이 처음 동인도제도 지역에 가져간 품종도 타이피카였고, 서인도제도로 처음 전파된 품종도 타이피카였다. 가브리엘 드 클리외는 처음으로 마르티니크에 타이피카를 심었다.

  타이피카종 열매는 익으면 붉게 변한다. 상대적으로 수확량이 적으며 병충해에 약하지만, 커피의 맛은 대중적인 인기를 얻고 있다.

  아래 소개한 품종은 스페셜티 커피 시장에서 흔히 찾아볼 수 있는 타이피카의 돌연변이종이나 선발종, 교배종들이다. 물론 모든 품종을 다 소개한 것은 아니다. 품종별 맛을 설명한 부분을 읽어보면 대부분 애매하게 표현했다는 생각이 들 것이다. 물론 품종별로 강렬한 개성을 드러내는 경우도 있기는 하지만, 실제 그 품종으로 커피를 만들 경우 정제법이나 로스팅이 또 다른 맛의 변수가 되기 때문에 원래의 개성이 다 느껴지지 않는 경우가 많다.

  아래 소개하는 품종에는 (게이샤를 제외하고는) 자생종들 간의 자연교배로 탄생한 에티오피아의 다양한 야생 토착종들은 빠져 있다. 소개한 품종들 중에 다른 자생종과 교배해 종간교잡이 일어난 경우도 많은데, 이는 유전자의 다양성을 넓혀준다. 자생종이 많은 에티오피아 커피에서 이러한 특성이 잘 나타난다.

- **버번 Bourbon**

  레위니옹(버번, 혹은 부르봉)섬에서 발견된 타이피카의 첫 돌연변이종으로, 라틴아메리카 지역에서 인기가 많은 카투라, 카투아이, 파카스, 문도 노보 등 품종의 아버지이자 할아버지 격이다. 라틴아메리카 지역에서는 여전히 인기가 높으며, 커피의 발생지인 아프리카로도 진출해 르완다와 부룬디에서도 재배하고 있다. 열매는 대부분 빨갛게 익지만, 일부 품종은 노란색이나 주황색으로 익기도 한다. 타이피카종에 비해 생산량이 20%가량 높으며, 맛은 비슷하지만 종종 단맛이나 밸런스가 더 좋은 경우도 있다.

- **카티모르 Catimor**

  카투라나 카투아이와 헷갈릴 수도 있지만, 카티모르는 카투라와 티모르의 교배종이다. 카티모르는 커피녹병에 대한 강한 저항력을 보여 1980년대 라틴아메리카 지역에서 널리 재배되었다. 그러나 안타깝게도 카티모르에서는 아라비카 재배종 특유의 섬세함이 느껴지지 않는다. 이는 아라비카(타이피카)와 로부스타의 자연교배종인 티모르종의 특징 때문이다.(티모르종은 아라부스타라는 명칭으로도 불린다.) 섬세한 맛은 떨어지지만, 티모르종이 지닌 로부스타종적인 특성 덕분에 병충해에 강하다.

- **카투아이 Catuai**

  1950년대 브라질에서 처음 개발된 카투아이는 카투라와 문도 노보의 교배종으로 병충해에 강하고 수확량이 많다. 카투아와 마찬가지로 잘 익은 카투아이 열매는 붉은빛이나 노란빛을 띤다.(필자는 전자를 선호한다.) 강렬한 산미로 유명한 카투아이는 중미 지역 전역에서 인기 있는 품종이다.

- **카투라 Caturra**

  버번종의 돌연변이로 1930년대 브라질의 카투라라는 도시 근처에서 발견되었다. 기존 품종에 비해 수확량이 많다. 아담해서 수확이 쉽지만, 고도가 낮은 지역에서 재배할 경우 바디감이 떨어지고 열매가 너무 많이 달려 그 무게로 나무가 상하기도 한다. 1,200미터 이상 고도에서 재배하면 품질이 더욱 좋아지고, 가지에 달리는 열매의 양 또한 적절해진다. 중미 지역에서 많이 재배한다.

- **게이샤 Geisha**

  타이피카종의 돌연변이인 게이샤는 열매와 잎이 길쭉한 모양이며, 에티오피아 남서부의 게이샤(Gesha 혹은 Geisha라고 표기)라는 도시에서 발생한 것으로 알려져 있다. 게이샤종은 1930년대에 탄자니아로, 1950년대에 코스타리카로 전파되었다. 이 두 국가는 게이샤 생산으로 유명한 파나마를 제외하고 게이샤를 대량으로 생산하는 국가다. 파나마 고지대에서 재배한 게이샤는 열대의 느낌과 시트러스 향, 차 향으로 명실상부 커피의 여왕으로 자리잡고 있다. 게이샤의 인기가 높은 만큼 앞으로 다른 국가에서도 생산이 늘어날 전망이다.

- **마라고지페 Maragogype**

  타이피카의 돌연변이종으로 알려져 있으며, 브라질 바히아(Bahia) 지역의 마라고지페(Maragogipe, 품종과 달리 지명은 y 대신 i를 사용)에서 처음 발견되었다. 마라고지페는 열매가 크기로 유명하며, 파카스종과 교배로 파카마라종이 탄생하기도 했다.

- **문도 노보 Mundo Novo**

  버번과 타이피카의 교배종으로 1940년대 발견되었으며, 라틴아메리카 지역에서는 여전히 인기 있는 품종이다. 버번이나 타이피카보다 병충해에 강하고 수확량이 많지만, 맛의 복잡성은 떨어지는 편이다.

- **파카마라 Pacamara**

  인기 있는 품종 중 하나로, 1950년대 말 엘살바도르에서 파카스와 마라고지페의 교배로 태어났다. 마라고지페와 마찬가지로 수확량은 조금 떨어지지만 그만큼 열매의 크기가 크기 때문에 크게 문제가 되지는 않는다. 파카마라와 마라고지페의 열매 크기는 일반적인 버번종 열매의 2배에 가깝다. 파카마라는 기본적으로 품질이 뛰어나고 산뜻한 산미와 꽃 향 덕분에 인기가 높은 편이다. 이러한 특성은 높은 고도에서 재배했을 때 더 두드러진다.

- **파카스 Pacas**

  1949년 엘살바도르에서 발견된 버번의 돌연변이종으로, 저지대 재배도 비교적 잘 견디는 아담한 크기의 품종이다. 이러한 특징 때문에 상반되는 특징을 지닌 마라고지페종과 교배해 파카마라를 만들었다.

- **테키시크 Tekisic**

  '버번 개선종'으로도 알려진 테키시크는 엘살바도르 커피연구소(Salvadoran Institute for Coffee Research, ISIC)에서 1949년부터 1977년까지 28년간 버번종의 인위적 선별을 계속한 결과 탄생시킨 난쟁이종이다. 테키시크종은 수확량은 적지만 깜짝 놀랄 만큼 복잡미묘한 맛과 식감을 내며, 고품질 커피에 관심이 많은 일부 엘살바도르, 온두라스, 과테말라 농가에서 환영을 받고 있다.

3. 커피 용어 57

- **1차 크랙 First Crack** 로스팅 도중 원두가 팽창하며 나는 첫 번째 소리, 혹은 그 과정. 1차 크랙 이후부터는 '원두'로 취급한다.

- **2차 크랙 Second Crack** 로스팅 도중 다크 로스트 후기에 접어들었을 때 원두가 2차로 팽창하며 나는 소리, 혹은 그 과정

- **AA** 아프리카에서 주로 사용하는 생두의 분류 등급. AA는 스크린 사이즈 17, 18로, 가장 큰 생두 등급에 속한다. 슈페리어(Superior)나 수프리모와 대략 비슷한 등급이다.

- **COE Cup Of Excellence** 최상급 커피를 평가하고 가려내기 위해 세계 곳곳에서 매년 개최되는 평가 프로그램. 평가 후에는 경매가 이루어진다.

- **건식 탈곡장 Dry Mill** 파치먼트 상태인 커피에서 파치먼트를 벗기고 선별, 등급 선정, 포장 등의 단계를 거쳐 출하하는 장소

- **건조 가공 Dry Process** 커피 열매 수확 후 생두를 꺼내지 않고 열매 전체를 건조하는 방식

- **고지 재배 커피 SHG, Strictly High Grown** 고도 1,000m 이상에서 재배한 커피로, 밀도가 높아 품질이 좋다.

- **과다 추출 Overextraction** 가용성 성분이 지나치게 녹아나와 커피가 너무 진하거나 쓰고 떫어 다른 풍미를 내지 못하는 현상. 원두를 너무 곱게 분쇄하거나 추출 시간이 너무 긴 경우 나타난다.

- **과소 추출 Underextraction** 가용성 성분이 너무 적게 녹아나와 커피가 시고 자극적이거나 너무 묽은 맛을 내게 되는 현상. 원두를 너무 굵게 분쇄하거나 추출 시간이 지나치게 짧은 경우 나타난다.

- **교배종 Hybrid** 서로 다른 두 품종의 자연적, 인공적 교배를 거쳐 탄생한 품종

- **그레인프로 GrainPro** 가스 차단 기능을 갖춘 다층의 비닐백으로, 원두 수송에 사용된다. 흔히 사용하는 마대자루에 비해 향미 보존 능력이 탁월하다.

- **길링 바사 Gilling Basah** 인도네시아에서 자주 사용하는 독특한 정제법. 수확한 커피 열매가 완전히 마르기 전에 파치먼트를 제거하고 다시 건조 과정에 들어간다. 바디감이 풍부하고 흙 향이 나는 것이 특징이다.

- **내과피/파치먼트 Parchment** 습식 공정을 마친 후 생두를 감싸고 있는 안쪽 껍질. 건식 탈곡시 내과피를 벗기고 선별 작업에 들어간다.

- **단일원산지 커피 Single Origin Coffee** 단일한 국가나 지역, 협동조합이나 농장에서 생산되어 다른 제품과 섞이지 않은 커피를 칭하는 넓은 의미의 용어

- **돌연변이종 Mutation** 같은 품종에서 유래했으나 키, 잎의 모양, 병충해 내성 등의 특징에서 다른 양상을 보이는 품종

- **떼루아 Terroir** 토양, 지형, 기후 등 커피의 재배에 영향을 주는 모든 환경적 요소

- **뜸 들이기 Bloom** 드립을 포함한 여과식 커피 제조시 커피 성분 추출을 돕기 위해 분쇄 원두에 소량의 물을 붓는 과정. 물이 스며들며 커피층이 부풀어오르는 모습을 꽃이 피어나는 모습에 빗댄 말이다.

- **마이야르 반응 Millard Reaction** 로스팅 중 생두의 색깔을 갈색으로 변화시키고 다양한 향미를 이끌어내는 데 결정적인 역할을 하는 반응

- **마이크로랏 Micro-lot** 특정 농장이나 협동조합에서 재배해 선별을 거친 소량 판매 원두(일반적으로 60kg들이 10자루가량 판매)

- **모카포트 Moka Pot** 증기압을 활용한 여과로 진한 커피를 추출할 수 있는 기구. 모카는 한때 전세계의 커피 교역을 담당하던 예멘의 항구도시 이름이다. 모카치노(Mochannino)는 카푸치노와 핫초콜릿을 합성해 만든 음료다.

- **몬순 Monsoon** 생두를 습한 환경에 약 3개월간 노출시켜 숙성하는 인도의 전통 정제법. 신맛이 줄어든다.

- **버 Burr** 분쇄기 내부에 장착된 톱니 모양의 분쇄판. 분쇄기를 사용한 원두 분쇄시에는 분쇄판 사이의 거리를 조정해 분쇄도를 조절한다.

- **비엔나 로스트 Vienna Roast** 2차 크랙 즈음까지 로스팅한 원두. 다크로스트에 해당되며, 생두가 지니고 있던 특징은 거의 사라진 상태라고 볼 수 있다.

- **생두 Green Coffee** 건조와 가공을 마친 커

피 열매의 씨앗. 로스팅 전의 상태일 때 생두라 칭하며 녹색을 띤다.

- **수프리모 Supremo** 남미에서 주로 사용하는 생두의 분류 등급. 엑셀소(Excelso) 바로 위의 등급이며, 스크린 사이즈 18을 통과할 수 있다. 슈페리어나 AA와 대략 비슷한 등급

- **습식 탈곡장 Wet Mill** 커피 열매를 파치먼트 상태까지 가공하는 장비, 혹은 작업장

- **시나몬 로스트 Cinnamon Roast** 1차 크랙 직후까지만 볶은 매우 옅은 색(시나몬색)의 원두

- **시티 로스트 City Roast** 1차 크랙과 2차 크랙의 중간 지점까지 볶은 중배전 원두

- **아라비카/코페아 아라비카 Arabica/Coffea Arabica** 현재 전세계에서 가장 널리 재배되는 커피 품종

- **아로마 화합물 Aromatic Compound** 커피의 향기를 구성하는 화학적 혼합물

- **알투라 Altura** '고도, 높이'라는 의미의 스페인어로, 고지에서 재배한 커피를 일컫기도 한다.

- **엑셀소 Excelso** 남미, 특히 콜롬비아에서 사용하는 생두 등급. 엑셀소 등급의 생두는 스크린 사이즈 16은 통과하지만 14는 통과하지 못하는 크기다.

- **여과 Percolation** 물을 커피층에 침투시킨 후 서서히 걸러내는 행위

- **워시드 정제 Washed Process** 수확 후 외피를 벗긴 점액질 상태의 커피를 발효시킨 후 점액질을 씻어내고 건조장이나 건조대에서 말리는 방식

- **은피 Silverskin** 생두를 감싸고 있는 얇은 막

- **재배종 Cultivar** 재배(Cultivated)와 품종(Variety)을 합친 말로, 상업적 생산을 목적으로 재배된 품종을 뜻한다.

- **점액질 Mucilage** 정제 이전의 커피콩을 감싸고 있는 끈적끈적한 과육층

- **정제 Process** 커피 열매의 껍질을 제거하고 건조하는 일련의 과정을 일반적으로 일컫는 용어

- **추출 Extraction** 분쇄 원두의 가용성 성분을 물로 녹여내는 작업

- **추출 비율 Brew Ratio** 커피 추출시 사용하는 추출수와 원두의 무게 비율(예시 : 추출

비율이 1:15인 경우 원두 무게의 15배에 해당하는 물을 사용해 추출했다는 뜻)

- **추출 시간 Brew Time** 추출시 커피와 물이 접촉하는 시간

- **캐러멜화 Caramelization** 로스팅시 커피 열매에 함유된 당분으로 인해 나타나는 반응. 당분이 캐러멜화되면 단맛은 줄어들지만 복잡미묘한 향미를 얻을 수 있다.

- **커피녹병 Leaf Rust** 커피나무 잎을 공격해 나무를 죽이는 곰팡이균

- **커핑 Cupping** 다양한 커피 샘플의 맛을 체계적으로 평가하는 과정

- **크랙 Crack** 로스팅 도중 원두가 팽창하며 나는 소리, 혹은 그 과정

- **크산탄 검 Xanthan Gum** 산토모나스 캄페스트리스(Xanthomonas Campestris) 박테리아의 활동으로 생성된 물질을 원료로 하는 점증제

- **탈각 Hulling** 생두를 감싼 내과피를 벗기는 과정. 이후에는 선별을 거쳐 포장하고 보관한다.

- **탬핑 Tamping** 에스프레소 머신 사용시 고른 추출을 위해 필터 바스켓 속의 원두 가루를 탬퍼로 평평하게 다져주는 일

- **토착종 Heirloom** 특정 지역에서 오랫동안 자생하거나 전통적으로 재배해온 품종

- **펄프드 내추럴 Pulped Natural** 수확한 커피 열매의 외피를 벗기고 점액질을 제거하지 않은 상태에서 건조장이나 건조대에서 말려 가공하는 방식. 세미 워시드 혹은 허니 프로세싱이라고도 부른다.

- **포터필터 Portafilter** 에스프레소 머신을 구성하는 부품 중 분쇄된 커피를 담는 필터 바스켓을 올려 그룹헤드에 장착하는 기구

- **풀 시티 로스트 Full City Roast** 2차 크랙이 한창 진행되는 시점까지 볶은 중간 정도의 강배전 원두

- **품목 Lot** 특정 크기나 품질의 생두를 선별해 지정해놓는 경매 단위

- **프렌치 로스트 French Roast** 2차 크랙 이후까지 볶은 매우 강한 다크로스트 원두

- **프리인퓨전 Pre-infusion** 에스프레소 머신에서 본격적인 가압 추출 전 낮은 압력으로 커피층을 적셔주는 과정

- **피베리 Peaberry**　보통 커피 열매 내부에는 씨앗이 2개씩 들어 있는데, 하나만 들어 있는 경우 피베리라고 부른다. 일반적으로 길쭉한 생두에 비해 모양이 둥글다.

- **허니 프로세싱 Honey processing**　= 펄프드 내추럴

감사의 말

우선 자료조사와 글쓰기, 카페인 섭취를 오가며 정신없이 보낸 집필기간을 참을성 있게 견뎌준 아내에게 감사의 말을 전하고 싶다.
현재 세계 최연소 바리스타에 도전하고 있는 아들 덱스터에게도 감사와 격려를 보낸다.
결코 짧지 않은 집필기간 동안 사무실을 마음놓고 사용할 수 있게 공간을 내어준 린다와 로드에게도 감사한다.
또한 공간과 장비뿐 아니라 커피에 대한 전문적인 견해에서도 도움을 준 콘월의 오리진 커피와 런던의 워크숍 커피에도 감사의 마음을 전한다.
지금까지 나와 커피를 즐겨준 수많은 이들도 빼놓을 수 없다. 애석하게도 모두 기억할 순 없지만, 우선 추려본 명단은 다음과 같다. 아네트 몰드바에르, 콜린 하먼, 댄 펠로우스, 데이브 존스, 플라비오 우리치, 게리 맥건, 길림 데이비스, 제임스 호프먼, 랜스 터너, 휴고 허코드, 필 거보, 샘 헤번, 스티븐 모리시, 팀 윌리엄스, 톰 소베이.
이 책이 만들어질 수 있도록 도와준 환상의 드림팀에게도 감사의 마음을 전한다. 나단 조이스, 줄리아 찰스, 레슬리 해링턴, 제프 보린, 애디 친, 사리앤 플래상.

길벗 〈상식사전〉 베스트 3종

우용표 지음 | 584쪽 | 17,500원

읽기만 해도 알아서 재테크가 시작된다!
퇴근길 5분, 당신의 첫 돈 공부

:: 회사일이 바빠 재테크는 뒷전인 당신에게
  꼭 필요한 재테크 기초 상식 152!
:: 해외주식, P2P 투자, 앱테크, 취미 재테크까지
  2019년도 최신 이슈를 담은 전면개정판!
:: 바로 따라 할 수 있는 현실밀착형 정보가 한가득,
  흥부야 재테크하자 카페 회원들의 실제 사례는 보너스!

김민구 지음 | 548쪽 | 16,000원

기초 이론부터 필수 금융상식,
글로벌 최신 이슈까지 한 권으로 끝낸다!

:: 알쏭달쏭 경제용어 설명은 기본! 최신 경제이슈까지 OK!
  25년차 경제기자가 찍어주는 알토란 경제지식!
:: 경제공부가 밥 먹여준다!
  교양은 물론 취업, 재테크도 OK!
:: 한 번만 읽어도 세 번 읽은 듯한 과학적 암기효과!
  소제목+한 줄 용어설명+태그, 독자의 1초를 아껴주는 입체구성!

백영록 지음 | 580쪽 | 17,500원

전·월세, 내집, 상가, 토지, 경매까지
처음 만나는 부동산의 모든 것

:: 잔소리도 1등, 조심성도 1등!
  큰돈 들어가는 부동산 거래, 내 돈을 지켜주는 필수 상식 157!
:: 힘 약한 세입자일수록 아는 것이 힘!
  몰라서 손해보는 일은 만들지 말자!
  매매는 물론 아파트 분양, 재개발까지 아우르는 내집장만 A to Z
:: 상가, 토지, 경매! 본격적인 투자 전 뼈대를 잡아주는 책!-

작은 부자를 꿈꾸는 당신을 위한 재테크 시리즈

절약으로 시작하는 3배속 부자법칙

:: 롤러코스터 같은 재테크 말고, 맘 편하게 꾸준히 자산을 불려주는 방법
:: 회원 수 80만 명 짠돌이카페, 15년 짠테크 노하우 무한 방출
:: 똑똑한 월급 재테크, 기적의 가계부 작성, 소득별 종잣돈 만들기, 정부지원금 골라먹기

짠돌이카페 편 | 이보슬 저 | 324쪽 | 13,500원

은행을 떠나지 않는 그들의 재테크 전략

:: 종자돈 만들기부터 큰돈 지키는 법까지! 은행에 관해 잘못 알고 있던 상식의 재발견
:: 부자처럼 똑똑하게 빚지는 법 & 재테크 판단력 키워줄 실전문제 수록!

플로린 지음 | 288쪽 | 14,000원

큰돈 벌고 싶은 당신을 위한 주식&경매 시리즈

70만 왕초보가 감동했다! 완벽한 투자입문서!

:: 주식 시장을 즐거운 전투장으로 만들어준 최고의 주식투자서
:: HTS 활용은 기본! 봉차트, 추세선, 이동평균선까지 완벽 학습
:: 독자 스스로 해답을 구할 수 있는 실용코너가 한가득!

윤재수 지음 | 400쪽 | 16,500원

서른아홉 살, 경매를 만나고 3년 만에 21채 집주인이 되었다!

:: 돈 되는 집 고르는 법부터 맘고생 없는 명도까지 ok!
:: 필요한 내용만 담은 '실속 만점 6단계 경매'
:: 경매 상황별 궁금증 풀어주는 속 시원한 QnA와 깨알팁

이현정 지음 | 360쪽 | 16,000원